みんなのおやつ

ちいさなレシピを33

なかしましほ

はじめに

おやつがあるって、なんだかうれしい。
それだけで、午後の仕事をがんばれます。

ふだんのおやつは、お店で買うことが多いですよね。
しあわせな時間です。
わたしのお店に来るお客さんも、みんなどこかうれしそう。
それはおやつの力だと、わたしは思っています。

じつは、そんな力をもったおやつは、自分で作ることもできるんです。
あなたが思っているより、ずっと簡単に。
あなたが思っているより、ずっとおいしく。
そのことを伝えたくて、この本を作りました。

この本で紹介するのは、だれでも簡単にできるちいさなレシピばかりです。
手順はシンプル。材料は近くで買えるもの。
とくべつな道具はほとんど必要ありません。
また、「一回でできる量が多すぎない」というのも、
この本におさめられたレシピたちの特徴です。
ひとり暮しの人が困らない、
ちいさめサイズのおやつができるレシピにしました。
ふだんのごはんと同じように、気負わず作ってもらえると思います。

本を開いて、食べたいおやつを見つけたら、まず作ってみましょう。
最初はアレンジせず、レシピのままに作ってみるのがおすすめです。
たとえば、お砂糖がちょっと多いと思うかもしれません。
減らしたくなるかもしれません。でも、このままで。
お砂糖には、甘さだけじゃなく、生地をやわらかくしたり、
卵が膨らむのを助けたりする大事な役割もあるのです。
まずはレシピ通りに作ってみて、それでも甘すぎたら、
次から少しずつ減らしてみてください。
そうやって、くりかえし作って、微調整をするうちに、
ひとつひとつが「あなたのレシピ」になっていったらうれしいです。

ちょっとくらい不格好でも、焼き色がこんがりしすぎていても、
作る時間がたのしくて、自分がおいしいと思ったなら、
それは失敗ではありません。
おやつは、ふところが広いんです。
どうぞ、自由なおやつ作りを楽しんでください。

なかしましほ

もくじ

モバイルおやつ

ごはんのようなおやつ

あんこのこと

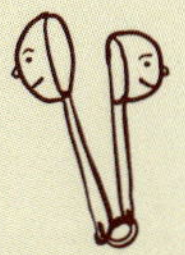

この本では

・大さじ 1 は 15ml、小さじ 1 は 5ml です。
・卵は M サイズです。バターは有塩です。
・オーブンはあらかじめ予熱をしておいてください。
　また、レシピの温度は、電気オーブンを使ったときのものです。
　機種によって熱の通り方に差があるので、
　レシピの温度と時間を目安に様子をみながら加減してください。

おやつ精神

The Oyatsu Credo

おやつをつくるとき、こころがけたい３つのこと。

まずやってみる
- Just try.

たのしくつくる
- Have fun.

それは失敗ではありません
- Not perfect? Good!

ケーキなおやつ

ほうじ茶やコーヒーなど
好きな飲みものといっしょにどうぞ。
おやつの時間にゆっくり食べたい、「ケーキなおやつ」たちです。

バナナブレッド

レモンケーキ

バナナブレッド

バナナを２本たっぷり加えることで、固くなりにくく、冷やしてもしっとりやわらかな食感に。
大切なポイントは、斑点が出た熟したバナナを使うこと。
それだけでぐっと風味や甘みが増しておいしくなります。
バナナをお菓子用に育てるのもたのしい時間です。

材料（15cm 丸型 1 台分）

卵 ……………………… 1 個
砂糖 …………………… 50g
油 ……………………… 50g
薄力粉 ………………… 100g
ベーキングパウダー …… 小さじ 1/2
バナナ（皮をむいたもの）…… 200g（約２本）

準備

・湯煎の用意をします。
・型に紙を敷きます。
・オーブンは 170 度に予熱します。
・バナナはフォークの背でよくつぶします。

湯煎（ゆせん）について

やわらかくあたためるために、材料を間接的に加熱する調理法。
鍋やボウルに 60 度くらいのお湯を張り、ひとまわり小さいボウルに材料を入れ、底をあたためます。
熱すぎるお湯を使うと、卵に火が入ったり、材料を変質させることも。

作り方

1 ボウルに卵と砂糖を入れハンドミキサーで軽くほぐし、湯煎にかけて泡立てます。
卵が人肌のあたたかさになったら湯煎をはずし、さらに泡立てます。
生地がもったりとしてかさが増え、ハンドミキサーを持ち上げると生地がとろとろと落ちて、
一瞬、跡が残るくらいまで３～５分間泡立てます。
最後に泡立て器に持ち替えて10～20回ぐるぐると大きく混ぜ、泡のキメを細かく整えます。

2 油を加え、（写真A）ヘラで底から生地をすくい上げるようにして、
油の筋が見えなくなるまでさっと混ぜます（写真B）。
つぶしたバナナも加えてさっと混ぜ、
薄力粉とベーキングパウダーを合わせてふるい入れ、底からすくい上げるようにして、
粉気がなくなるまでさっと混ぜ、型に生地を流し入れます。

A

B

3 170度のオーブンで40分焼きます。
真ん中に串をさしてどろっとした生地がついてこなければ焼き上がり。
型から出して冷まします。

＼ひとくちメモ／

**生地に刻んだチョコレートやくるみ、ココナッツなどを加えてもよく合います。
バナナが余ったら、薄くスライスして上に飾って焼きましょう。**

レモンケーキ

昔ながらの洋菓子屋さんでよく見かける、ころんとしたレモン型のケーキ。
皮も果汁も使って、レモンたっぷりに仕上げました。
愛らしい形はプレゼントやお土産にとても喜ばれます。

材料（レモン型またはマフィン型6個分）

卵 ……………………… 1個
砂糖 …………………… 50g
油 ……………………… 30g
薄力粉 ………………… 60g
アーモンドプードル ……… 20g
レモン（国産か無農薬のもの）…… 1/2個
はちみつ ……………… 10g
ホワイトチョコレート …… 50g

準備

・湯煎（P.010参照）の用意をします。
・レモン型に薄く油を塗る、またはマフィン型に紙を敷きます。
・オーブンは180度に予熱します。
・レモンは皮をすりおろし、果汁大さじ1/2をしぼり、はちみつとよく混ぜておきます。
・ホワイトチョコレートは包丁で薄く削ります。

作り方

1 ボウルに卵と砂糖を入れハンドミキサーで軽くほぐし、湯煎にかけて泡立てます。
卵が人肌のあたたかさになったら湯煎をはずし、さらに泡立てます。
生地がもったりとしてかさが増え、
ハンドミキサーを持ち上げると生地がとろとろと落ちて、
一瞬、跡が残るくらいまで３～５分間泡立てます。
最後に泡立て器に持ち替えて10～20回ぐるぐると大きく混ぜ、泡のキメを細かく整えます。

2 油を加え、ヘラで底から生地をすくい上げるようにして、
油の筋が見えなくなるまでさっと混ぜます。
薄力粉とアーモンドプードルを合わせてふるい入れ、底からすくい上げるようにして、
粉気がなくなるまでさっと混ぜ、レモン＋はちみつを加え手早く混ぜます。

3 型の７～８分目まで等分に生地を流し入れ、180度のオーブンで11分焼きます。
真ん中に串をさしてどろっとした生地がついてこなければ焼き上がり。
型から外して冷まします。

4 ホワイトチョコレートを湯煎で溶かし、冷ましたレモンケーキの片面をさっとくぐらせ、
チョコレートが固まるまで置いておきます。
固まりにくければ冷蔵庫で少し冷やしましょう。

＼ひとくちメモ／

レモンは白いわたの部分は苦みが強いので、表面の黄色い部分だけ薄くすりおろします。
皮をすりおろしてから汁をしぼりましょう。逆にするととてもやりにくいです。

ヨーグルトチーズケーキ

スイスロール

ヨーグルトチーズケーキ

ヨーグルトを1パック丸ごと使った、おだやかな酸味とコクのあるチーズケーキ。
作りたてより、味がなじんだ翌日がおすすめです。

材料（15cm 丸型1台分）

卵 ……………………… 1個
卵黄 …………………… 1個分
砂糖 …………………… 60g
ヨーグルト（無糖）………… 450g
クリームチーズ ………… 100g
生クリーム……………… 100ml（100g）
薄力粉 ………………… 大さじ2

準備

・ヨーグルトをコーヒーフィルターで200gになるまで半日水切りします（写真参照）。
ざるにキッチンペーパーを敷いてもOK。
もし200gより少なくなってしまった場合は、下にたまった水分をもどして混ぜてください。
・型に紙を敷きます。
・クリームチーズを冷蔵庫から出して室温にしておきます。
・オーブンは170度に予熱します。

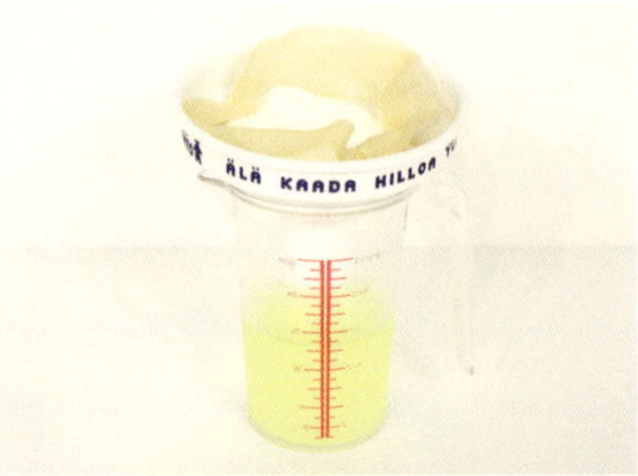

作り方

1 ボウルにクリームチーズを入れヘラでなめらかになるまで練り、ヨーグルトと砂糖も加えてよく混ぜます。

2 泡立て器に持ち替え、卵、卵黄、生クリームの順に加えてよく混ぜ、薄力粉をふるい入れて粉気がなくなるまで混ぜます。

3 生地を濾して型に流し入れ、170度のオーブンで45分焼きます。生地の真ん中に串をゆっくりさしてどろっとした生地がついてこなければ焼き上がり。型に入れたまま冷まし、粗熱がとれたら冷蔵庫に入れてよく冷やします。

スイスロール

ふわふわのココアスポンジと、ホイップクリーム。
すなおな味は、特に男性に人気です。

材料（1本分）

卵	3個
砂糖	70g
油	10g
薄力粉	40g
ココア	20g

生クリーム	150ml（150g）
砂糖	大さじ1

準備

・25〜28cm角の天板やバットに紙を敷きます。
・オーブンは190度に予熱します。
・湯煎（P.010参照）の用意をします。
・氷を用意します。

＼ひとくちメモ／

ココアがダマになりやすいので、目の細かいふるいがおすすめ。
カットする時は、ナイフをお湯で軽くあたためて水気をふき、
力を入れずにのこぎりで押し引きするようにするときれいに切れます。

りんごマフィン

りんごマフィン＆バナナマフィン

くだものを使った２種類のマフィン。
寒い時期に食べたいりんごマフィンは、こっくり甘いメープルの生地に、甘酸っぱいりんごがたっぷり。
夏に作るならバナナマフィン。生クリームを使うと軽やかな食感に。
冷蔵庫で冷やしてもしっとりやわらかいのが魅力です。熟したバナナを使うのがおすすめ。

材料（直径7cmのマフィン型5個分）

りんごマフィン

卵	1個
メープルシロップ	50g
砂糖	20g
油（または溶かしバター）	40g
牛乳	大さじ2
薄力粉	120g
ベーキングパウダー	小さじ1

りんご	1個
砂糖	大さじ1
水	50ml

バナナマフィン

卵	1個
砂糖	50g
生クリーム	100ml（100g）
薄力粉	120g
ベーキングパウダー	小さじ1
バナナ（皮をむいたもの）	150g（約1.5本）

準備

・オーブンは180度に予熱します。
・マフィン型に紙を敷きます。

作り方

りんご

1 りんごは皮と芯を取り、ひとくち大に切ります。
鍋にりんご、砂糖、水を入れ、ヘラでざっと混ぜ強めの中火にかけます。沸騰したら弱火にして、ふたをして10～15分ほど、りんごがしんなりやわらかくなるまで蒸し煮にします。
りんごがやわらかくなったらふたを取り、再び火を強め、手早く水分を飛ばして冷まします。
飾り用に少量取り分けておきます。

2 ボウルに卵、メープルシロップ、砂糖を入れ、泡立て器で1分間泡立て、
油、牛乳の順に加え、その都度よく混ぜます。

バナナ

1 バナナは生地に加える100g（約1本）を1cm角に、
飾り用の50g（約1/2本）は好きな形にカットします。

2 ボウルに卵と砂糖を入れ、泡立て器で1分間泡立てます。生クリームも加えよく混ぜます。

共通

3 薄力粉とベーキングパウダーを合わせてふるい、ボウルの中心をぐるぐると混ぜます。
だんだん粉がなじんできたら、外側に向かって少し力を入れながら粉気が少し残るくらいまで混ぜ、りんご（またはバナナ）を加え、ヘラでさっと混ぜます（写真参照）。
ふくらみが悪くなるので混ぜすぎないように、生地が絡むくらいでOK。

4 型の7～8分目まで均等に生地を入れ、飾りのりんご（またはバナナ）をのせます。
上から生地をすくっていくと下にふくらみの悪い重い生地が残るので、
分割するように生地を入れます。
180度のオーブンで18～20分焼き、
真ん中に串をさしてどろっとした生地がついてこなければ焼き上がり。
粗熱がとれた冷めたてが食べごろです。

ブラウニー

シュークリーム

ブラウニー

常温だとほわっとやわらか、冷蔵庫で冷やすとぎゅっとしまって濃厚に。
2通りの食感が楽しめるブラウニー。
シナモンがとてもいいアクセントになっています。

材料（15cm 角型 1 台分）

チョコレート……80g
油……50g
卵……1個
砂糖……20g
牛乳……大さじ1

※┌ 薄力粉……40g
　└ シナモンパウダー……小さじ1/3

くるみ……50g

準備

・湯煎（P.010 参照）の用意をします。
・チョコレートは包丁で薄く削り、くるみは粗く刻みます。
　生くるみは、刻む前にフライパンで乾煎りするか、
　150 度のオーブンで 10 分ローストします。
・型に紙を敷きます。
・オーブンは 170 度に予熱します。

作り方

1 ボウルにチョコレートと油を入れて湯煎し、
5分ほど置いてからなめらかになるまでよく混ぜます。

2 別のボウルに卵と砂糖を入れ、泡立て器で1分間泡立てます。
1を加えて泡立て器でさっと混ぜ、牛乳も加えて混ぜます。

3 ※を合わせてふるい入れ、ボウルの中心をぐるぐると混ぜます。
だんだん粉がなじんできたら、外側に向かって少し力を入れながら
粉気が少し残るまで混ぜ、くるみを加え、ヘラに持ち替えさっと混ぜます。

4 型に生地を流し入れ表面を平らにならし、170度のオーブンで20分焼きます。
真ん中に串をさしてどろっとした生地がついてこなければ焼き上がり。
型からはずして網の上で冷まします。

＼ひとくちメモ／

泡立てすぎないこと、焼きすぎないことで中がしっとり焼き上がります。
チョコレートは、ミルクやスイートなどちょっぴり甘いタイプがよく合います。

シュークリーム

こどもの頃はぺちゃんこなシューばかり作っていて
「失敗したらおみそ汁に麩の代わりに入れてもおすすめ！」という
レシピ本の言葉を信じて、家族を仰天させたことがありました。
そんな経験があっていまの自分がいます。
加熱時間＆しっかり練ること、これで誰にでもふんわりシューが作れますよ。

材料（4個分）

シュー

※ 牛乳	大さじ3
※ 油	大さじ1
※ 砂糖	小さじ1
薄力粉	大さじ3
卵	1個〜

カスタードクリーム

薄力粉	大さじ1
砂糖	大さじ2
牛乳	150ml（150g）
卵黄	1個分
バニラビーンズ	1/4本

（またはバニラエッセンス　少々）

準備

・オーブンは180度に予熱します。
・天板に紙を敷きます。
・シュー用の薄力粉はふるっておきます。
・卵を溶いておきます。

＼ひとくちメモ／

シューにいろんなものを詰めてもたのしいですよ。
カスタードクリーム＋ホイップクリーム（生クリームを泡立てたもの）、
あんこ＋ホイップクリーム（生クリームを泡立てたもの）、
抹茶カスタード（粉をふるう時、少量の抹茶も一緒に加えます）、
アイスクリーム、ポテトサラダ、ハム＋きゅうり、
などなど。

作り方

1 鍋に※を入れて中火にかけ、砂糖が溶けるよう軽くゆすり、そのままおいておきます。
ふちからふつふつ沸騰して、真ん中まで大きい泡が立ちしっかり沸騰したら
薄力粉を一気に入れ、30 秒間ヘラで手早く練って火を止めます。
この 30 秒の間に、鍋底に生地をぎゅっと押し付けたり全体に散らしたり、まんべんなく加熱
しているとだんだん鍋底に薄く膜がはってきて、ぺたぺたした餅のような生地になります。

2 1を手早くボウルにうつし、溶き卵の 1/4 量を加えて練ります。最初は卵が分離して混ざりにくいのですが、ヘラで切り混ぜたり、ぎゅっと押し付けたり根気強く混ぜていると、とろとろした感じがなくなってなめらかになり、さらにぺたっとした感じになるまでしっかり混ぜます。そうしたら残りの卵も同量ずつ加えて練り、粘り気があってぽってりのびるくらいのやわらかさになれば OK（写真参照）。
卵は 1 個分入るのが目安ですが、全部入る前にこの固さになれば途中で入れるのを止め、逆にまだ固い時はさらに卵を足します。

3 できあがった生地を、スプーンで 4 等分して紙を敷いた天板に落とします。
焼いているうちに横に広がってくるので、押し広げないよう、こんもり高くのせます。
絞り袋や、厚手のビニール袋に生地を入れ、角をちょんと切って、
生地をしぼり出しても OK。180 度のオーブンで 25 分焼きます。
途中でオーブンをあけると温度が下がって生地がふくらまなくなるので気をつけます。
生地の割れ目からしっかりふくらんでよい焼き色がつき、手に持って軽くなっていれば OK。
オーブンから出して網に取り、冷まします。

4 カスタードクリームを作ります。ボウルに砂糖と薄力粉をふるって加え、バニラビーンズをさやからしごいて加えます。牛乳を少しずつ加えて泡立て器でよく混ぜます。
卵黄も加えてさらに混ぜ、小鍋に濾し入れます。
中火にかけ絶えず練りながら、トロみがついて全体がしっかり沸騰したら少し火を弱め、
さらに 1 分加熱して粉に火を通します（バニラエッセンスは火を止めた後で加えます）。
容器に移し、膜が張りやすいので表面にぴったりラップを張って冷まします。シューに
切れ目を入れて、クリームをよく練ってやわらかくしてから、好みの量をはさみましょう。

ガトーショコラ

パイまんじゅう

ガトーショコラ

どっしり濃厚なイメージのガトーショコラも、
マフィン型でちいさく焼くと、おいしさはそのままに、
とても食べやすくなります。プレゼントにも喜ばれますよ。

材料（マフィン型3個分）

チョコレート……30g
油……20g
卵……1個
砂糖……30g
牛乳……大さじ1
ココア……20g
粉糖（好みで）……適量

準備

・オーブンは170度に予熱します。
・湯煎（P.010参照）の用意をします。
・マフィン型に紙を敷きます。
・卵は卵黄と卵白に分け、卵白は使う直前まで冷蔵庫で冷やしておきます。
・チョコレートは包丁で薄く削ります。

＼ひとくちメモ／

ほのあたたかいうちはふんわり、
冷蔵庫で冷やすときゅっとしまって濃厚なおいしさがたのしめます。
チョコレートはミルクやスイートなどちょっぴり甘いタイプがよく合います。
ココアはダマになりやすいので目の細かいふるいがおすすめです。

作り方

1 チョコレートと油をボウルに入れ、湯煎して5分ほどおき、
ヘラでよく混ぜてなめらかに溶かします。使う直前までお湯にあてておきます。

2 ボウルに卵白と砂糖を入れ、ハンドミキサーで泡立てます。
最初は粗い大きな泡が、1～2分ほど泡立てるとキメが細かくなり、
かさが増えもったりしてくればOK。角が立つまでは泡立てません（写真参照）。

3 卵黄、牛乳、溶かしたチョコレートを順に加え、その都度泡立て器でさっと手早く混ぜます。
特にチョコレートは油分でメレンゲの泡が消えやすくなるので、手早く行いましょう。
ココアをふるい入れて粉気がなくなるまで手早く混ぜ、型に等分に流し入れます。

＊できあがった生地はやわらかめのカスタードクリームのような状態です。
さらさら流れるようにゆるければ、メレンゲの泡立てが足りていないか、生地を混ぜすぎたのかも。

4 170度のオーブンで15分焼き、真ん中に串をさして、
どろっとした生地がついてこなければ焼き上がり。
ぽろっとした生地や、溶けたチョコレートではなく、
粘度のある生地がついてきたら、数分焼き足しましょう。
しっとり感を出したいので、長時間焼きすぎないようにします。
型から外して網にとって冷まし、好みで粉糖をふります。

パイまんじゅう

あんこをパイ生地で包んだ、異国の香りがするハイカラなお菓子。
バターの風味とあんこがとてもよく合います。
はじめてさんにも作りやすい、少量のレシピです。

材料（3個分）

薄力粉……………………50g
バター……………………30g
冷水………………………大さじ1.5
あんこ……………………100g

溶き卵（照り出し用）…………適宜

準備

・バターは1cm角に切ってラップに包み、使う直前まで冷蔵庫でよく冷やしておきます。
・あんこは3等分して丸めます。
・天板に紙を敷きます。

＼ひとくちメモ／

**すり混ぜる時に時間がかかるとバターが溶けてしまい、
水分を加えたときにべたべたした生地になってしまいます。
バターが溶けないよう手早くすり混ぜ、
もしべたべたしたらしっかり休ませるのがポイントです。**

作り方

1 ボウルに薄力粉とバターを入れ、カードを使って、手早くバターを細かく刻みます。
次に指先でバターと粉をなじませ、さらさらに近い状態まで（小さなかたまりはあってもOK）すり混ぜます（写真A）。
バターが溶けないよう、手早く行いましょう。

A

2 水を全体に回しかけ、お米をとぐようにぐるぐるっと混ぜて水分をなじませ、
さらに手でぎゅっとつかむようにしてひとつにまとめます。
ぱさぱさしてまとまりにくい場合は、水を少量足してください。
べたべたして扱いにくい場合は、ラップにくるんで冷蔵庫で1時間以上冷やします。

3 パイの層を作ります。生地を台の上に取り出し、
カードで半分に切って重ね、
軽く押して元の厚さに戻します（写真B）。
これを5回ほど繰り返し、
ラップで包んで冷蔵庫で1時間以上寝かせます。

B

4 オーブンを190度に予熱します。
生地を3等分して薄力粉（分量外）を少々ふり、ラップの上で2mmの厚さに伸ばします。
真ん中にあんこをのせて生地で包みます。
火の通りが悪くなるので、生地が重なる部分をなるべく少なくしましょう。
天板に並べ、表面に溶き卵を塗り、190度のオーブンで22分焼きます。
表面においしそうな焼き色がつけばOK。網に取って冷まします。

おやつ写真をTweetしよう！

自分のおやつが完成したら、記念に写真を撮りましょう。
撮った写真をツイッターでアップすれば、
みんなでおやつを見せ合うことができますよ。
ハッシュタグは→ **#LR1**（これをかならずつけてください）。
「ツイッターってなに？」というかたは、
インターネットサイト「ほぼ日刊イトイ新聞」の中にある、
「ちいさなレシピを１ダース。」というページを探してください。
そこに、参加の仕方がくわしく書かれています。
おやつができたら、ぜひツイートを！

「ちいさなレシピを１ダース。」とは？

「ちいさなレシピを１ダース。」は、「ほぼ日刊イトイ新聞」の参加型コンテンツです。2012年５月にはじまり、2013年10月現在で２ダース＋１のレシピを発表してきました。この本に掲載されているレシピのうち25個は、そのコンテンツに登場したものです。なかしましほさんが140文字のちいさなレシピをつぶやくと、それを合図に世界中のみんなが同じおやつを作りはじめます。それぞれが想像力をふくらませて作ったおやつの写真がどんどんページに並んでいく様子は、圧巻のたのしさ。大人気の企画です。（編集部）

こういう写真がたーくさん
寄せられています！

＊本書のレシピは、このコンテンツ内のレシピを書籍用に編集し直したものです。
配合や分量など、内容に相違があることをご了承ください。

あるとき、何気なくつぶやいたおやつのレシピをみなさんがとても喜んでくださったのをきっかけに、140文字のレシピをもっとたくさんの人にたのしんでもらえたらと、「ほぼ日」で「ちいさなレシピを１ダース。」をはじめることになりました。
大変そうなお菓子作りも140文字ならやってみようと思えるのが、いちばんの魅力だと思います。「まずはやってみよう」というおやつ精神もここから生まれました。ずらり並んだおやつ写真とつぶやきは、見ているだけでもとってもたのしい。感心したり笑ったり、つぶやきにほろりとしたり。毎回いろんなドラマがあります。
おやつができたら、ツイッターに写真をアップしてみてくださいね。

ひんやりおやつ

つるん、ぷるんとした食感が魅力のおやつ。
冷やして作りますが、食後のデザートにしたり、一年中おいしくたのしめます。
作り方が簡単なレシピが多いのも特徴。

カスタードプリン

抹茶ババロア

カスタードプリン

ちいさいころに食べたプリンが好きです。
やさしいたまごの味、やわらかすぎない食感。ほろ苦いカラメル。
カラメルはしっかり焦がして入れるのがおすすめです。

材料（3個分）

プリン液

卵 ……………………… 1個
卵黄 …………………… 1個分
砂糖 …………………… 大さじ2
牛乳 …………………… 180ml

カラメル

砂糖 …………………… 大さじ1.5
水 ……………………… 小さじ1
お湯 …………………… 大さじ1

準備

・耐熱のカップを用意します。
・オーブンは160度に予熱します。
・熱湯を用意します。

＼ひとくちメモ／

蒸し器で作る場合は、蒸気が出た状態でなるべく弱火にして10分蒸します。
オーブンよりも、とろんとやわらかい食感に。
型からプリンを出す時は、型の内側にくるりとナイフをひとまわし入れて逆さにします。

作り方

1. カラメルを作ります。小鍋に水と砂糖を入れ中火にかけ、
混ぜずに鍋をゆするようにして砂糖を溶かします。
しばらく放っておくと外側から茶色く焦げはじめ、
さらに全体が濃い茶色になるまで煮詰めたら火を止めます（写真参照）。
はねやすいので鍋肌からそっとお湯を加えて鍋をゆすってなじませます。
固まってしまったら弱火にかけて溶かしましょう。
すぐにカップに３等分して、粗熱をとり冷蔵庫で冷やし固めます。

2. プリン液を作ります。ボウルに卵、卵黄、砂糖を入れ、泡立て器ですり混ぜます
（泡立てると“す”が入りやすくなるので、泡を立てないようにします）。
砂糖がなじんで卵白のかたまりがなくなればOK。

3. 鍋に牛乳を入れて中火にかけ、鍋肌からちいさい泡が出はじめたら火を止め、
2に少しずつ加えてよく混ぜます。熱い牛乳をいっぺんに加えると
卵に火が入ってしまうことがあるので少しずつ、この時も泡立てないように混ぜます。
ざるで濾しカップに３等分します。

4. 天板にカップを並べてオーブンに入れ、天板の半分の高さまで熱湯を張り
（天板に高さがない場合は、バットに湯をはってカップを並べても）、
160度で30分湯煎焼きします。表面をさわって弾力があり、
串をさして中からどろっとした液が出てこなければ焼き上がり。
粗熱をとって冷蔵庫で冷やします。

抹茶ババロア

口の中でしゅわっと溶ける、ほろ苦い抹茶味のババロアです。
あんこやクリームを添えたら、
甘味屋さんにも負けないとびきりのおいしさです。

材料（4個分）

ゼラチン（粉末）…………大さじ1
水…………………………大さじ2
抹茶………………………大さじ1.5
砂糖………………………50g
牛乳………………………250ml（250g）
生クリーム………………100ml（100g）

あんこ、ホイップクリーム（生クリームを泡立てたもの）
………………適量

準備

・氷を用意します。

＼ひとくちメモ／

トロみのつけ方でできあがりの食感も変わります。
やわらかいトロみで生クリームと混ぜるとムースに近いぷるんとした食感、
しっかりどろっとしてから混ぜると、ふんわりとした食感になります。お好みでどうぞ。

作り方

1 小さな器に水を入れ、ゼラチンをふり入れふやかしておきます。
生クリームは氷水をあてて、もったりと軽くトロみがつくまで泡立て、
冷蔵庫に入れておきます。氷水はとっておきます。

2 ボウルに抹茶と砂糖を合わせてふるい入れ、牛乳を分量のうちほんの少量だけ加えて、
ヘラでダマがなくなるまでよく混ぜ、残りの牛乳も少しずつ加えて溶きのばし、
鍋に濾し入れます。
中火にかけ時々ヘラで混ぜながら、鍋肌からちいさい泡が出はじめたら火を止め、
ふやかしておいたゼラチンを加えてよく混ぜて溶かします。

3 2をボウルに移し、氷水にあてててヘラで時々混ぜながら冷やします。
粗熱がとれた頃からは絶えず混ぜていると、
10分前後で急にもったりとしてトロみがつくので、
冷やしておいた生クリームを手早く同じ固さまで泡立てて加えます（写真参照）。
泡立て器でなめらかになるまでよく混ぜてカップに流し入れ、
冷蔵庫で1時間以上冷やし固めます。
好みであんこやホイップクリームを添えて。

ミルクプリン

牛乳（ミルク）と豆乳（ソイミルク）を合わせて作るプリン。
とろんとやわらかい食感は少量だけ加える寒天がポイント。
たっぷりの黒蜜ときなこをかけてどうぞ。

材料（3個分）

プリン

牛乳	200ml（200g）
豆乳（成分無調整）	200ml（200g）
砂糖	大さじ2
粉寒天	小さじ1/2

黒蜜

※ 黒糖	30g
※ 砂糖	30g
※ 水	50ml

きなこ	好みの量

準備

- 耐熱のカップを用意します。
- 氷を用意します。

作り方

1. 小鍋に粉寒天、砂糖、牛乳、豆乳を入れ、ヘラでざっと混ぜて中火にかけます。底にしずんだ寒天がしっかり混ざるよう、鍋底をこそげるようにしながら加熱し、沸騰したら火を弱めてさらに1分火を通します。

2. 耐熱のカップに濾し入れ、氷水を入れたバットにならべ、1時間冷やし固めます。もしくは、粗熱がとれたら冷蔵庫に入れ同様に冷やし固めます。

3. 黒蜜を作ります。小鍋に※を入れ、ヘラでさっと混ぜて中火にかけ（かたまりの黒糖は、水分をなじませてからヘラでぎゅっとつぶします）、黒糖と砂糖が溶けて、沸騰したら弱火で1分煮詰め、冷まします。食べる時に黒蜜ときなこを好みの量をかけて。

＼ひとくちメモ／

寒天は、時間が経つと水分が出てきます。作ったら早めに食べてくださいね。
やわらかく固まるので、ひとり分ずつ容器に入れて作るのがおすすめです。

グレープフルーツゼリー

限りなく生に近いけれど、そのまま食べるより好きなグレープフルーツのゼリー。
ホワイトにするかルビーにするかで、できあがりの色もたのしめますね。

材料 (3個分)

グレープフルーツ……2個
砂糖……大さじ2
ゼラチン(粉末)……小さじ1.5
水……大さじ1

準備

・氷を用意します。

作り方

1 小さな器に水を入れ、ゼラチンをふり入れふやかしておきます。

2 グレープフルーツは、ナイフで上下、側面の順に、果肉がしっかり見えるくらい厚めに皮を切り落とします。ボウルにざるを重ね、果汁をボウルで受けながら、果肉と薄皮の境目にナイフをさし入れて果肉をはずします(写真参照)。果肉がついた皮の部分もぎゅっと絞って果汁を集め、200ml用意します。足りなければむいた果肉を少し押して、果汁をとります。

3 鍋に果汁、砂糖を入れてさっと混ぜて中火にかけ、砂糖が溶けて鍋肌からちいさい泡が立ってきたら火を止めます。ふやかしたゼラチンを加えてよく混ぜて溶かし、果肉も加えます。ボウルに移し氷水にあてて粗熱をとり、カップに3等分して冷蔵庫で2～3時間冷やし固めます。

ヨーグルトムースといちごソース

ムースはヨーグルトの酸味を生かしてさっぱりと、いちごソースは濃厚で甘く。
ふたつが組み合わさることで完成するデザートです。

材料（3個分）

ヨーグルト（無糖）…………200g
砂糖……………………大さじ3
レモン汁………………小さじ1
生クリーム……………50ml（50g）
ゼラチン（粉末）…………小さじ2
水………………………大さじ2

いちご…………………1/2 パック（約150g）
砂糖……………………大さじ2

準備

・小さな器に水を入れ、ゼラチンをふり入れふやかしておきます。
・湯煎の用意をします。

ひとくちメモ

いちごは小粒のよく熟したものを選ぶと、色がきれいに出ます。

作り方

1 ボウルにヨーグルトを入れ、砂糖、レモン汁の順に加え泡立て器でよく混ぜます。
ゼラチンは湯煎（P.010参照）にあてておきます。

2 別のボウルに生クリームを入れ泡立てます。
もったりとして、1と同じくらいのトロみがついたら1に加え、さっと混ぜます。
湯煎しておいたゼラチンも溶け残りがないようよく混ぜて、少しずつ加えます。
器に3等分して、冷蔵庫で2時間以上冷やし固めます。

＊湯煎して溶けたゼラチンの温度が低いと、混ぜた時ダマになりやすいので、
湯煎のお湯が冷めないうちに手早く作業しましょう。

3 いちごソースを作ります。いちごは洗って水気をふき、
へたを取ってフードプロセッサーにかけてピュレにし、
裏ごしして種を取ります（フードプロセッサーがない場合は、ざるで濾すだけでOK）。
小鍋に砂糖とともに入れ中火にかけ、時々混ぜながら沸騰したら火を弱め、
1～2分ほど煮詰めて冷まします。ムースに好みの量のソースをかけましょう。

CPN

クラフティ

フルーツのグラタンのようなフランスの郷土菓子“クラフティ”。
熟しすぎたり、そのままではちょっと物足りないフルーツが、おいしく生まれ変わります。

材料（直径15～20cmの深さのある耐熱皿）

卵……………………2個
砂糖…………………50g
薄力粉………………20g
生クリーム…………100ml（100g）
牛乳…………………100ml（100g）
ブルーベリー（生）……150g

準備

・オーブンは160度に予熱します。
・くだものはひとくち大に切り、
水気をふきます。
・熱湯を用意します。

作り方

1 器にくだものをならべます。
ボウルに卵と砂糖を入れ、泡立て器で砂糖がなじむよう、すり混ぜます
（焼き上げた時に口当たりが悪くなるので、泡立てません）。
卵のコシが切れ、砂糖のざらざらした感じがなくなればOK。
薄力粉をふるい入れ、少し力を入れて、粉のかたまりがなくなるまでよく混ぜます。
生クリームと牛乳を加えてさらに混ぜ、器にそっと濾し入れます。

2 天板に器をのせてオーブンに入れ、天板の半分の高さまで熱湯を張り
（天板に高さがない場合は、バットに湯をはっても）、
160度で30分湯煎焼きします。
串を真ん中にさしたとき、どろっとした液が溢れ出してこなければ焼き上がり。
粗熱をとり冷蔵庫で冷やします。

＼ひとくちメモ／

ベリーやバナナ、いちじく、りんご、かぼちゃもよく合います。
りんごやかぼちゃなど固いものは軽く火を通してから使います。

甘酒みるくアイス

お砂糖を使わずに、甘酒のやさしい甘みを生かしたアイスクリーム。
濃厚だけどさっぱり。くせになる味です。

材料（4人分）

甘酒（米麹で作られたもの／2～3倍の濃縮タイプ）
…………………………150g
牛乳…………………………150ml（150g）
生クリーム……………………50ml（50g）
クッキー（好みで）……………適量

準備

・甘酒は、原材料に塩が入っていない場合、塩をひとつまみ加えてよく混ぜておきます。

作り方

1 甘酒はフードプロセッサーにかけるか裏濾しして、なめらかにしてボウルに入れ、牛乳、生クリームを加え混ぜます。
ファスナータイプなどの密閉できる厚手のビニール袋に移し、冷凍庫に入れます。

2 2時間たったら取り出して、よくもみます（写真参照)。これを数回繰り返して好みの固さまで冷やし固めます。
仕上げにミキサーやフードプロセッサーにかけると、さらになめらかな食感に。
器に盛り、好みでクッキーを添えます。

＼ひとくちメモ／

甘酒はストレートタイプだと風味が弱いので、濃縮タイプを使ってください。
ストレートしか手に入らない場合は、ごく弱火で半量まで煮詰めて150g用意します。
かちかちに固いと甘みを感じにくいので、食べる直前によく練ってなめらかにして、少し溶けかけたくらいが、いちばんおいしいです。

あんみつ

自分で作るあんみつは、好きなものを好きなだけよそえるのが何よりうれしい。
ほうじ茶寒天が、味のまとめ役です。

材料（4人分）

ほうじ茶寒天

ほうじ茶葉……10g
粉寒天……小さじ1/2
水……400ml

あんずのコンポート

ドライアプリコット……8個

蜜

砂糖……50g
水……大さじ2

あんこ……好みの量

準備

・氷を用意します。

作り方

1 ほうじ茶寒天を作ります。小鍋に粉寒天、水を入れ、ヘラでよく混ぜて中火にかけます。
底にしずんだ寒天がしっかり混ざるよう、鍋底をこそげるようにしながら加熱し、
沸騰したら火を弱めてさらに1分火を通します。
火を止めてほうじ茶葉を入れ、ふたをして2分蒸らし、耐熱のバットに濾し入れます
(渋みが出るので最後はぎゅっと押し付けないようにします)。
底に氷水をあて、1時間冷やし固めます。
もしくは、粗熱がとれたら冷蔵庫に入れ同様に冷やし固めます。

2 あんずのコンポートを作ります。小鍋にドライアプリコットとかぶるくらいの水を加えて
弱火にかけ、キッチンペーパーなどで落としぶたをして煮ます。水分がほぼなくなり、
ふっくらやわらかく戻ればOK。固ければ水を加えもう少々煮て、冷ましておきます。

3 蜜を作ります。小鍋に砂糖と水を入れ中火にかけ、鍋をゆするようにして砂糖を溶かし、
しっかり沸騰したら火を止め、粗熱をとって容器に移します。できたては泡が立ち少し
濁っているように見えますが、冷めると透明になります。アクが気になる場合は濾しましょう。

4 器にスプーンで寒天をざっくりとすくい、あんこ、あんずをのせ、蜜をかけます。

おやつQ&A その1

Q おやつを作るときの成型があまりうまくいきません。きれいに作るコツはありますか？

A 手を動かしやすいよう、作業する場所を広く清潔にしておくこと。何度もくりかえし作ること。どんな形にしたいかしっかりイメージすることだと思います。ただ成型とは、美しい形にすることではなく、いちばんおいしい形にすることだと思っています。しっとりした生地をたっぷり食べたいなら大きく、カリッとした食感をたのしみたいなら小さく、そんな風に考えるとイメージがしやすいかもしれません。おうちのおやつなら、少々不格好でもおいしさ優先でいきたいですね。

Q 近所のスーパーでは手に入らない材料があります。どうしたらいいでしょう？

A 代用が難しそうな材料の場合は、どこかへ出かけた時に材料を探してまたの機会に作ってみたらどうでしょうか。またはインターネットの通販を利用してみるのもよいかもしれません。cuoca（http://www.cuoca.com/）や富澤商店（http://www.tomizawa.co.jp/）などがおすすめです。

Q ケーキ系のおやつの焼き上がりがいつも縮んでしまうのですが、原因はなんでしょうか。

A いくつか考えられます。お砂糖を減らしすぎた、卵を泡立てすぎた、材料を混ぜすぎた、水分の多い食材を入れすぎた、などでしょうか。「すぎて」しまうと、生地の状態が悪くなってしまうことがあります。最初はちょうどよいあんばいがわかりにくいと思いますが、「ていねいに手早く」を意識して作業してみてくださいね。

Q ベーキングパウダーを分量どおりに入れているのに、膨らみません。

A ２つ原因が考えられます。ベーキングパウダーは水分に反応してふくらむので、生地の水分が少ないとうまくふくらむことができません。ホットビスケットや中華まんなどは、耳たぶのやわらかさを目安に水分を調節してくださいね。もうひとつは、開封して時間が経ち、古くなったベーキングパウダーはふくらみにくいです。湿気やすいので開封後は密閉して冷蔵庫に保存して、半年を目安に買い替えましょう。

モバイルおやつ

さんぽに旅に、友だちへのおみやげに、
持ち運びしやすく、日持ちのするおやつたちです。
ささっと作って、みんなのところへ！

レモンクッキー

チーズクラッカー

レモンクッキー

ほんのりじゃなくてしっかりレモン味にしたいから、
3mmという薄さが大事です。
短時間でカリッと焼くことで、レモンの風味をしっかり閉じ込めます。

材料（作りやすい分量）

レモン（国産か、無農薬のもの）…1/2個
砂糖…30g
油（または溶かしバター）…25g
薄力粉…80g
アーモンドプードル…20g

準備

・オーブンは170度に予熱します。
・天板に紙を敷きます。
・レモンは皮をすりおろし、果汁を大さじ1用意します。

＼ひとくちメモ／

**レモンの白いわたの部分は苦みが強いので、
表面の黄色い部分だけ薄くすりおろします。**

作り方

1. ボウルにレモンの皮、レモン汁、砂糖、油を入れ、泡立て器で30秒ほどよく混ぜます。
しっかり混ぜると砂糖が溶けてなじみ、
全体がドレッシングのようにとろりと乳化してきます（写真参照)。

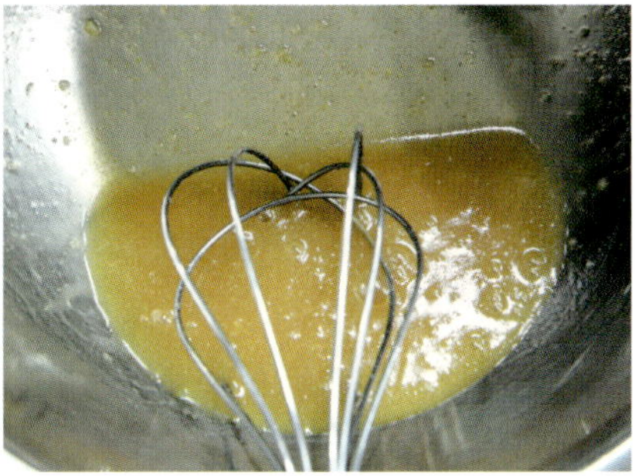

2. 薄力粉とアーモンドプードルを合わせてふるい入れ、ヘラでさっくりと切るようにして、
粉気がほぼ見えなくなるまで混ぜます（べたべたしてくるので混ぜすぎないようにします)。
溶かしバターの場合は、ここで1時間以上冷蔵庫で生地を寝かせます。
油の場合はしみ出して色や風味が悪くなるので、寝かせません。

3. 台にラップを敷き、2の生地を厚さ3mmに伸ばします。
伸ばす時に生地がべたつく場合も、粉はふらずに、上にもラップを当ててめん棒で伸ばし、
好みの型で抜いて天板に並べます。
直接紙の上で伸ばし、カードやナイフで切れ目を入れるだけでもOK。
最初に伸ばした生地がいちばんさくさくに焼き上がるので、余すところなく使いましょう。

4. 170度のオーブンで12分焼きます。ふちにほんのり焼き色がつき、
真ん中を指で押してみて（熱いので火傷に注意）固くなっていればOK。
ふわふわやわらかければ、さらに数分焼き足します。
オーブンから出して、天板の上で冷まします。

チーズクラッカー

粉チーズがたっぷり入ったさくさくのクラッカーは、
おやつはもちろん、お父さんのおつまみにも喜ばれます。
生地が厚いとさくっと焼き上がらないので、2mmの厚さを目指してくださいね。

材料（作りやすい分量）

※
- 薄力粉……100g
- 粉チーズ……20g
- 塩……ふたつまみ
- 黒こしょう……少々

- 油……25g
- 水……大さじ2～

準備

・オーブンは170度に予熱します。
・天板に紙を敷きます。

＼ひとくちメモ／

粉チーズの代わりにパルミジャーノチーズ等をすりおろして使うと、風味もぐっとUPします。チーズによって塩気はさまざまなので、後から塩をふっても。

作り方

1 ボウルに※を加え、お米をとぐように手でぐるぐるっとよく混ぜます。
油を加えて手でぐるぐるっと混ぜ、油と粉のかたまりができてきたら、
指先でかたまりをほぐしてから両手ですり混ぜ、油を粉になじませていきます。
大きなかたまりがなくなり、粉全体が油でしっとりするまですり混ぜます（写真A）。

2 水を全体に振り入れ、手でぐるぐるっと手早く混ぜて水分を粉全体に行き渡らせ、
生地を練らないようにひとつにまとめます。
まとまりづらければ水を少々足して、耳たぶのようにやわらかくなめらかな生地にします。

3 生地を紙の上にのせ、めん棒で2mmの厚さに伸ばし、好みの形に包丁やカードで切れ目を入れます（写真B）。
170度のオーブンで25分焼き、表面がうすいキツネ色になれば焼き上がり。
オーブンから出して天板の上で冷まします。
完全に冷めてから切れ目に沿って割ります。

＊フライパンで作る場合

生地は同様に作ります。テフロンやフッ素樹脂加工のフライパンを熱して、
油をうすくひき生地をのせます。ごく弱火にしてふたをし、8分焼きます。
そっと裏返し、ふたをして、もう8分焼きます。表面によい焼き色がつけばOK。
ふたをとってフライパンの上で冷まして水分をしっかり飛ばします。

ビスコッティ

ビスコッティ

「二度焼いた」という意味を持つイタリアの郷土菓子。
オーブンでじっくり水分を飛ばしてカリッと、
だけど本場よりも固すぎない食感とたっぷりのナッツを入れるのが好きです。
お茶の時間に、旅のお供にと、日持ちするのでいつも近くに置きたいおやつです。

材料（作りやすい分量）

薄力粉……………………100g
砂糖………………………50g
卵…………………………1個
油…………………………10g
ナッツ（好みのもの）…………80g
チョコレート……………50g

準備

・オーブンは180度に予熱します。
・天板に紙を敷きます。
・卵を溶いておきます。
・生のナッツはフライパンで乾煎りするか、150度のオーブンで10分焼きます。
・ナッツとチョコレートは大きめに刻みます（アーモンドやくるみなら半分くらいの大きさに）。
細かくしすぎない方が、食感もよく、切るときにくずれにくいです。

作り方

1 ボウルに薄力粉と砂糖を合わせてふるい入れ、真ん中に溶き卵と油を加え、
ヘラで切るように混ぜます。
粉気が少し残っているところでナッツとチョコレートを加え、
ヘラで軽く切り混ぜ、カードで紙の上に取り出します
(ここで混ぜすぎるとべたべたして扱いにくくなります)。

2 両手に水を少々つけ、なまこ形に成型します。
端っこが細いと焦げやすくなるので、厚さ、太さはできるだけ均等に。
最後に表面をなめらかにしておくと、後で切るときにくずれにくくなります（写真参照)。

3 180度のオーブンに入れ20分焼き、取り出して網の上で冷まします。
粗熱がとれたら1cm幅にスライスします。包丁で下に押し切るとくずれやすいので、
のこぎりで切るように前後に押し引きして切ります。
次は切り口を上にして再度天板に並べ、150度のオーブンで30分焼きます。
真ん中を押した時、しっかりかたくなっているのが焼き上がりの目安です。
オーブンから取り出して、天板にのせたまま冷まします。

＼ひとくちメモ／

保存は乾燥剤などを入れた密閉容器で1週間～10日ほど。

グラノーラ

グラノーラは朝ごはんなどで食べるシリアルの一種。牛乳をかけて食べるのはもちろん、
ごろっとかたまりを大きくしているので、クッキーのようにおやつにつまんで楽しんでいます。

材料（作りやすい分量）

- オートミール …… 120g
- 薄力粉 …… 50g
- 塩 …… 少々
- 油 …… 40g
- メイプルシロップ …… 80g
- ナッツ（好みのもの）…… 30g
- ドライフルーツ（好みのもの）…… 30g

準備

- 生のナッツはフライパンで乾煎りするか、150度のオーブンで10分焼いて大きめに刻みます（アーモンドやくるみなら半分くらいの大きさに）。
- ドライフルーツはレーズン大に刻みます。
- オーブンを170度に予熱します。
- 天板に紙を敷きます。

＼ひとくちメモ／

セミドライタイプなど水分の多いドライフルーツは、混ぜると湿気やすく日持ちしないので、食べる直前にトッピングしましょう。生のくだものも同様です。

作り方

1 ボウルにオートミール、薄力粉、塩を入れ、手でお米をとぐようにぐるぐるっと混ぜます。油を加えて、全体に油がまんべんなく絡むまでよく混ぜ、ナッツ、メイプルシロップを加えて、同様にシロップが絡むまでよく混ぜます。天板に1cmの厚さで平らに広げ、指先でぎゅっと押して全体を密着させます。

2 170度のオーブンで15分焼いて取り出し、
ヘラで全体をくずすようにしてひとくち大のかたまりにほぐします（写真参照）。
かたまりが大きすぎると生焼けになるので気をつけて。
再度オーブンに入れ15分焼き、ほんのり全体によい焼き色がついたら取り出します。
ドライフルーツを加えさっと混ぜ、天板にのせたまま冷まします。

おやつQ&A その2

Q たくさん作りたい時は、レシピの倍量で作ってもいいですか？

A レシピはいちばん作りやすい分量を考えていますので、いきなり倍にしたり、逆に半量にすると、レシピ通りの時間や状態にならないことがあります。まずはしっかりレシピ量で工程をマスターしてから、少しずつ量を加減するのがいいと思います。

Q おやつの賞味期限（おいしく食べられる期限）はどのくらいですか？

A 作った場所や保存方法で変わってくるので一概に言えないのですが、ほとんどのおやつは、当日中か翌日に食べるのがいちばんおいしいです。しっとりしたケーキやプリン、ムースなどは冷蔵庫で保存し早めに、例外として、クッキーやグラノーラなど水分が少なくカリッとしているものは、乾燥剤を入れて密封すると、翌日以降もおいしく食べられます。

Q 日持ちしない材料があまったときはどうしたらいいですか？

A わたしの場合、晩ごはんに使うことが多いです。または忘れないうちにもう一度作ってみます。

Q ゼラチンと寒天とアガーは代用がきくものでしょうか？

A ゼラチンにはゼラチンの特性があり、寒天には寒天の特性があるので、同じ分量を置き換えることはできません。ベーキングパウダーと重曹も同様です。基本はレシピ通りのものを使ってください。もちろん何かで代用ができる場合はレシピに書くようにしています。

Q 私は甘さ控えめなおやつが好きです。お砂糖の量など調節しても大丈夫でしょうか？

A これは甘いものに対するわたしの考え方もあるのですが、あまり甘くないものをたくさん食べるより、ちょうどよく甘いものを少し食べた方がうれしく感じます。なので、甘さは控えめになりすぎないようレシピを考えています。まずはレシピ通りに作ってみてください。それでも甘いと感じたら自分好みの味にしてくださいね。ただお砂糖には、卵のふくらみを保ったり、しっとりやわらかくする効果があるので、たくさん減らしてしまうとレシピと同じにはならないことがあります。

ごはんのようなおやつ

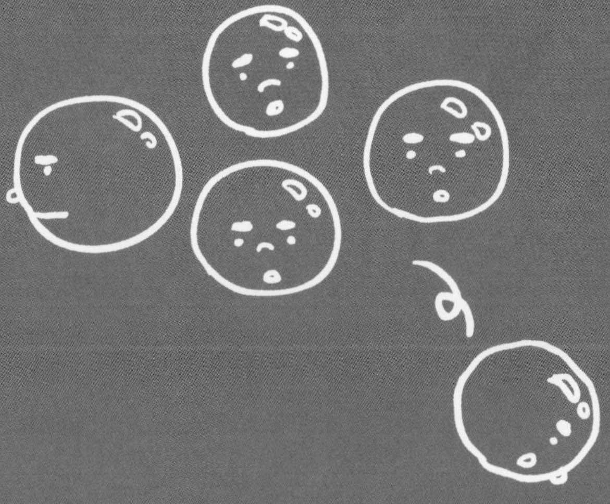

ちょっとおなかがすいたときにぴったり。
ごはんのようにもぐもぐと、
くりかえし食べてほしいおやつたちです。

パンケーキ

スイートポテト

パンケーキ

ベーキングパウダーでなく、イーストで発酵させた生地で作る、ふわっと軽いパンのようなケーキ。
特に梅雨〜夏の時期は、湿気が多く気温も高いので作りやすいですよ。

材料（4枚分）

※
- 卵 …………………… 1個
- 砂糖 ………………… 20g
- ドライイースト ……… 小さじ2/3
- 油 …………………… 10g

- 牛乳 ………………… 100ml（100g）
- 薄力粉 ……………… 60g
- 強力粉 ……………… 60g

- 油 …………………… 適量

準備

・牛乳を人肌にあたためます
（温度が高すぎるとイーストの働きが弱まります）。

・40度くらいのお湯で湯煎する。
・マグカップにお湯を入れて電子レンジでチンして、
わきにボウルを入れておく。
・残り湯の入ったおふろのふたの上に置く。
・気温の高い時期なら室温でOK。

…etc.

作り方

1 ボウルに※を入れて、泡立て器で砂糖とイーストがなじむようよく混ぜます。
牛乳を少しずつ加えてなめらかに混ぜ、薄力粉と強力粉を合わせてふるい入れ、
粉のダマがなくなるまでしっかり混ぜます。

2 ボウルにラップをして、30～40度で約40分間発酵させます。
生地の表面にぷちぷち泡が立ち、1.5～2倍にふくらめばOK（写真参照）。
ふくらんだ生地はお玉でひと混ぜしてガスを抜き、ラップをしてもう5分寝かせます。

3 フライパンを弱めの中火であたため、油を薄くひき、
生地の1/4量をお玉でフライパンに流します。生地は無理に伸ばしたりせず、
手のひらの大きさを目安に直径10cmくらいにします。
2～3分ほど焼き、裏によい焼き色がついたらひっくり返し、
火をもう少し弱めてふたをして、さらに2～3分焼きます。
真ん中のいちばん厚いところにそっと串をさしてみて、
べたべたした生地がつかなければOK。

＼ひとくちメモ／

ふんわり焼き上がるよう、ヘラでぎゅっと押しつけないようにします。

スイートポテト

外はカリッと、中はしっとりのスイートポテト。
どんな大きさ、どんな形にしたらいちばんおいしい？
そんなことを考えて、作ってもらえたらうれしいです。

材料（作りやすい分量）

さつまいも（皮付きで）	250g
牛乳	適量
砂糖	30g
バター	10g
卵黄	1個分
シナモンパウダー	少々

＼ひとくちメモ／

焼きたての熱々は甘みが強く、おいもの味が十分に出てきません。
熱々が少し冷めたあたたかいうちが食べごろです。
もちろん翌日でも、おいしくいただけますよ。

作り方

1 さつまいもは皮を薄くむいてひとくち大に切ります。
さっと水にさらしたら、
水気を切って鍋に入れます。
牛乳をひたひたに加えて中火にかけ、
沸騰したら弱火にしてふたを少しずらしてかぶせ、
ときどき鍋をゆすりながらやわらかくなるまで煮ます。
やわらかくなる前に牛乳がなくなったら適宜足し、
煮上がった時少量だけ牛乳が残っているくらいを目安にします。
残った水分はそのままに、マッシャーやフォークの背でよくつぶします。

2 1に砂糖、バター、卵黄1/2個分、シナモンパウダーを加えてヘラでよく混ぜ、
弱めの中火にかけます。
焦げやすいので絶えず混ぜながら、水分を飛ばして練っていきます。
やわらかく仕上げる場合は水分をあまり飛ばさずに、
砂糖が溶けて卵黄に火が通ればOK。
耐熱のカップや、アルミケースなどに等分に分けます。
成型する場合は、さらに練っていくと、
べたべたした生地がころんと鍋肌からはがれるようになります。
この状態を目安に火を止め、ボウルに移し粗熱をとって好きな形に成型します。

3 高温でさっと焼き色をつけるため、オーブントースターを使います。
天板にカップ、または紙を敷いて生地を並べ、
残りの卵黄を表面に塗り、よい焼き色がつくまで焼きます。

マーラーカオ

みたらしだんご

マーラーカオ

マレーシアのお菓子が中国に渡り、アレンジされてやってきた中華風蒸しぱん“マーラーカオ”。
練乳とおしょうゆを加えることで、ぐっとコクが出ます。
朝ごはんに、おやつに、いつでもうれしいほっとする味です。

材料（15cm 丸型 1 台分）

卵	1 個
きび砂糖	40g
練乳（コンデンスミルク）	20g
油	30g
牛乳	50ml（50g）
しょうゆ	小さじ 1/2
薄力粉	80g
ベーキングパウダー	小さじ 1

準備

・型に紙を敷きます。
・蒸し器を用意します。

＊蒸し器がない場合は、鍋にお湯を少量張り、ざるやお皿を敷いた上に型を置きます。
少しだけ蒸気が出るようにふたをずらすか、ふきんをかませましょう。

作り方

1 卵は卵白と卵黄に分け、ボウルに卵白を入れます。
泡立て器で空気をふくませるように1分間泡立てます。
白っぽくふんわりしてきたら砂糖を加え、
さらに1分間泡のキメが細かくなってトロリとするまで泡立てます
(ハンドミキサーの場合は、少し時間を短めに様子を見ながら泡立てます)。

2 卵黄、練乳、油、牛乳、しょうゆの順に加え、その都度さっと混ぜます。

3 薄力粉とベーキングパウダーを合わせてふるい、
ボウルの中心をぐるぐると混ぜます。
だんだん粉と液体がなじんできたら、
外側に向かって少し力を入れながら粉気がなくなるまでさっと混ぜます。
ヘラに持ち替え、型に生地を流し入れ、
蒸気の出た蒸し器に入れて強火で20分蒸します。
真ん中に串をさしてどろっとした生地がついてこなければ蒸し上がり。
型からすぐ外して冷まします。

＼ひとくちメモ／

型に流した生地に、好みのドライフルーツ、甘納豆、
甘栗などをトッピングして蒸すのもおすすめ。

みたらしだんご

お豆腐で練った白玉に、甘辛いみたらしあんをからめました。
お豆腐だと時間がたってもふわふわやわらかく、お腹にずっしりこないので、
気軽に食べられるのがうれしいです。

材料（約30個分）

だんご

白玉粉 …………………… 100g
豆腐（木綿、絹どちらでも）……… 150g

みたらしあん

砂糖 …………………… 大さじ2
しょうゆ ………………… 大さじ1
水 ……………………… 大さじ4
片栗粉 ………………… 小さじ1

準備

・大きめの鍋にたっぷりお湯を沸かします。
・氷を用意します。

作り方

1 ボウルに白玉粉と豆腐を入れます。
白玉粉に豆腐の水分をなじませるように少しずつ混ぜていきます。
混ざったところで固さをみて、耳たぶくらいのやわらかさを目安に、
ぽろぽろと固ければお豆腐を足し、べたべた手につくほどやわらかければ白玉粉を足します。
ざっと混ぜただけではまだ白玉粉やお豆腐のつぶが残っているので、
さらにぎゅっと手でつかむようにしてよく練り、
すべすべのなめらかな状態にします。

2 だんごをひとくち大（親指の先程度）にちぎって丸め、お皿やラップに並べます。
丸めるときは表面にしわや割れが残らないよう、
やさしく手のひらでていねいに転がしなめらかにします。
このひと手間で、口当たりがよくなります。

3 沸騰したお湯に丸めただんごを一度に加えます。
しばらくしたら軽くひと混ぜし、さらにそのまま置くと自然にだんごが浮き上がってきます。
浮き上がってきたら、さらに１分ゆでます。
ゆでている間に氷水（氷はたっぷり、水は少なめに）を用意して、
浮いただんごを網じゃくしやお玉、またはざるで水気を切って氷水に入れます。
すぐにさわらずこのまま冷やしておきます。

4 みたらしあんを作ります。小鍋に材料をすべて加え、ヘラでよく混ぜて中火にかけます。
焦げやすいので絶えず混ぜながら、
全体がふつふつするまでしっかり沸騰させたら火を止め、冷まします。
白玉を氷水の中でやさしくさっと洗い、ざるにとって水気を切り、器によそいます。
好みの量のみたらしあんをかけて。

どらやき

しっとりした生地のひみつは「みりん」。
あんこと一緒にバターや生クリーム、アイスクリームをサンドしてもおいしいです。

材料（6個分）

卵	1個
砂糖	50g
みりん	小さじ1
水	50ml
薄力粉	80g
ベーキングパウダー	小さじ1/2
あんこ	好みの量
油	適量

＼ひとくちメモ／

生地は少し高い位置から、
一点にたらすと
自然に丸く広がります。

作り方

1. ボウルに卵と砂糖を入れ、泡立て器で1分間泡立てます。少しとろっとしたらOK。
みりん、水の順に加え、なじませるようぐるぐるっと混ぜます。
薄力粉とベーキングパウダーを合わせてふるい入れ、ボウルの中心をぐるぐると混ぜます。
だんだん粉と液体がなじんできたら、外側に向かって少し力を入れながら
粉気がなくなるまでさっと混ぜます。

2. フライパンを弱めの中火で熱し、油を薄くひき、生地を大さじ1杯ずつすくって流し入れます。
自然に広がるので無理に伸ばしません。
ぷつぷつ気泡が出て裏においしそうな焼き色がついたら裏返し、
もう片面は薄く焼き色がつくまで短めにさっと焼いて取り出し、
乾燥しないようふきんをかけて冷まします。
2枚1組にして、好みの量のあんこをはさみます。

中華まん

ホットビスケット

中華まん

ピアノのおけいこの帰り道に、ときどき買ってもらった中華まん。
あんまんか肉まんかを選ぶのが難しくて、
いつか両方食べたいと夢見ていました。

材料（3個分）

※
- 薄力粉……100g
- 砂糖……大さじ1
- ベーキングパウダー……小さじ1

油……大さじ1/2
熱湯……60ml

あん（どちらも3個分の皮でつつめる量です）

・肉あん

豚ひき肉……100g
玉ねぎ（みじん切り）……1/8個
しょうゆ、酒、オイスターソース……各小さじ1
以上をよく混ぜたもの

・あんこ……100g

準備

・オーブン用の紙を10cm角に切って3枚用意します。

作り方

1 ボウルに※を合わせてふるい入れます。熱湯を一気に加え、すぐにお箸でほぐし、粉全体に水分を行き渡らせます。時間がかかると段々べたべたしてくるので、手早く。ざっとほぐれたら油を加え、指先でさわれる温度か確かめてから、手でこねます。最初は粉っぽい部分にべたべたしたところを押し付けるようにして、あとはボウルについた粉もくっつけるように、手のつけ根を使ってなめらかにひとつにまとまるまでこねます（耳たぶくらいのやわらかさを目安に30秒〜1分くらい）。ぱさつくようなら水を少量（分量外）途中で加えます。ラップにつつみ、15分間常温で寝かせます。

2 この間に蒸し器にたっぷりのお湯を沸かし、あんを用意して3等分して丸めておきます。生地を取り出し3等分して軽く丸め、手のひらの大きさを目安に直径10cmくらいに伸ばします。生地の中心に具を置いて、ひだをよせるように包み、紙の上にのせ、蒸気がたっぷり出た蒸し器にならべ、強火で15分間蒸し上げます。

ホットビスケット

アメリカで軽食として、
日本ではファストフードの人気メニューとして親しまれてきた、素朴なおやつパン。
スコーンより油脂が少なめで、ふんわり軽い食感が特徴です。
熱々よりも、ほんのりあたたかい冷めたてが食べごろです。

材料（4個分）

※
- 薄力粉……80g
- 全粒粉……20g
- 砂糖……大さじ1.5
- ベーキングパウダー……小さじ1
- 塩……少々

油……20g
ヨーグルト（無糖）……40g

準備

・オーブンは180度に予熱します。
・天板に紙を敷きます。

＼ひとくちメモ／

**チョコレートやナッツ、ドライフルーツなど、好きな具材を加えてもたのしいです。
20gを目安にレーズン大に刻み、ヨーグルトが生地になじみまだ粉気があるところで加え、
からむ程度にさっと混ぜます。**

とうふドーナツ

ゆべし

餅米の粉に甘みをつけて蒸し上げた、もっちりとした食感の郷土菓子。
わたしの故郷・新潟では、くるみの入った甘じょっぱいゆべしをこどもの頃から食べていました。
名前も見た目も不思議ですが、食べるととびきり。

材料（作りやすい分量）

白玉粉……………………100g
黒糖………………………80g
水…………………………120ml
しょうゆ…………………小さじ2
くるみ……………………40g
片栗粉……………………大さじ2

準備

・くるみは大きめに粗く刻みます。
　生くるみは、刻む前にフライパンで乾煎りするか、150度のオーブンで10分ローストします。
・バットや大きめのお皿に、片栗粉の半量を茶こしでまんべんなくふるっておきます。

＼ひとくちメモ／

**蒸して作る場合は、バット等に入れて強火で5分蒸し、
混ぜてくるみを加え、さらに10〜15分蒸してまた混ぜます。
あとは同様に作りましょう。**

作り方

1 ボウルに白玉粉を入れ、水を少しずつ加えてヘラでなじませ、
粉のかたまりをぎゅっとつぶすようにしてよく混ぜます。
ダマがなくなったら黒糖を加え、なめらかになるまでよく混ぜます。
しょうゆも加えさっと混ぜ、耐熱の器に濾し入れます。

2 ラップをせずに500Wの電子レンジに2分かけます。
取り出すとふちの方は白っぽく固まりかけ、真ん中はさらっとしています。
ヘラでムラがなくなるよう手早く混ぜ、くるみも加えます。

3 さらにレンジに3分かけます。
取り出すと表面は乾いて白っぽく、中は飴色に近い色になれば火が通った印です（写真参照）。
再びヘラでムラがなくなるよう手早く混ぜ（ゴムのように弾力があるので力を入れて）、
バットの上にあけ、上にも残りの片栗粉をふります。
無理に伸ばさず自然に広がるくらいの厚みにします。
さらっと広がってしまう場合は、加熱が足りていないのかもしれません。
冷めてからカードや包丁で切り分けます。
かたくなりやすいので、早めに食べ切りましょう。

とうふドーナツ

生地に豆腐を練り込んだ、ふんわり軽い食感のドーナツです。
揚げたてにきなこをまぶすと、あとひとつと手が止まりません。

材料（作りやすい分量）

絹豆腐……100g
砂糖……30g
溶き卵……30g（約1/2個）
油……10g
薄力粉……120g
ベーキングパウダー……小さじ1

揚げ油……適宜

きなこ、砂糖……適宜

＼ひとくちメモ／

**少量の油で揚げる場合は、ミルクパンのような小鍋に、
油を1/3～半分くらいまで入れます。
大きい鍋より温度が変化しやすいので、
温度が下がらないよう少量ずつ揚げること。
温度が上がらないよう時々火から離して調節してください。**

作り方

1 ボウルに絹豆腐を入れ、泡立て器の先でよくつぶします。
砂糖、溶き卵、油の順に加え、その都度よく混ぜます。
薄力粉とベーキングパウダーを合わせてふるい、
ヘラに持ち替え、練らないようにさっくりと粉気がほぼなくなるまで混ぜます。

2 揚げ油を火にかけます。
菜箸を水で濡らしてよく拭いてから油の中にそっと入れ、
細かい小さな泡がしゅわしゅわ出てきたら、170度の適温です。
生地をスプーンなどでひとくち大にすくい、油の中にそっと入れます。
たくさん入れると温度が下がってしまうので、小鍋なら2〜3個を目安に少しずつ。
箸でくるくると上下を返しながら
両面がおいしそうなキツネ色になるまで約3分ほど揚げます。
最初は重みのあった生地が、箸でもった時ふわっと軽くなれば揚げ上がり。
よく油を切ってから、熱いうちにきなこと砂糖を混ぜたものをまぶしつけます。

foodmoodのこと

「foodmood」は、東京の国立にあるなかしましほさんのお店です。
そこに行けば、写真のようなクッキーBOXをはじめ、何種類かのお菓子を購入することができます。

クッキーBOXには、ときどき内容を変えながら６種類のクッキーが入っています。
商品は店頭のみでのお渡しで、通信販売は行っていません。
１日に作れる数に限りがあるので、予約をしてからお買い物に出かけましょう。
ご注文方法、お店の地図、営業日などくわしくは、
foodmood（フードムード）のウェブサイトでご確認ください。
http://foodmood.jp/

ちなみにクッキーBOXのイラストは絵文字になっているんですよ。
foodmoodって、読めますよね？
中島基文さんが手がけたイラストです。基文さんは、しほさんの旦那様。
この本『みんなのおやつ』のイラストもすべて、基文さんの作品です。（編集部）

あんこのこと

おやつの中でもとりわけあんこが好きなので、
あんこのいろいろを知ってほしくて、
たっぷりとお届けすることにしました。
「こしあん」と「つぶあん」のレシピに、「あんこ百科」も！
だからこの本は、「あんこ入り」なんですよ。

こしあん

つぶあん

つぶあん

あんこを煮るのは難しそうと思ってる方、まずはつぶあんから試してみませんか。
小豆をやわらかくなるまで煮たら、もう完成間近です。

材料 (作りやすい分量)

あずき ………………… 1/2カップ (約100g)
砂糖 ………………… 100g

作り方

1 あずきを洗って鍋に入れ、かぶるくらいの水を加え強火にかけます。
沸騰したら火を弱め、5分ほど煮てざるに取ります。
ふたたびたっぷりの水を加えて強火にかけ、沸騰したら火を弱め、
あずきがふつふつゆれるくらいの火加減で煮ていきます。
アクは好みで取り除いてください。
水分が少なくなってあずきが顔を出しそうになったら適宜差し水をし、
指で抵抗無くつぶれるくらい、しっかりやわらかくなるまで煮ます (40分〜1時間くらい)。
ここで固い芯が残っていると、砂糖を加えた後もやわらかくなりません。
この段階で完全に芯がなくなるまで煮ておきます。
火を止め、ふたをして10分蒸らします (写真A)。

A

2 鍋に砂糖の半量を加えて中火にかけます。
ヘラで混ぜながら、最初に入れた砂糖が溶けたら、
残り半量も加えて、煮ていきます。
水分がある時ははねやすいのですが、
弱火でコトコト長く煮ると風味が飛んでしまうので、
あまり弱火にせず、強めの火で一気に煮ます。
最初は水っぽいべちゃべちゃした音が、
しゅっしゅっと空気の抜けるような音になるのを目安にしてください（写真B）。
バットなどに取り冷まします。
冷めると固くなるので、使いたい固さより、少しゆるいくらいで火を止めましょう。

こしあん

つぶあんより少しだけ手がかかりますが、ていねいにこすことで、家でもおいしいこしあんができます。
皮をのぞいた小豆の淡いきれいな色は、何度作っても見とれてしまいます。

材料（作りやすい分量）

あずき・・・・・・・・・・・・・・・・・・1/2カップ（約100g）
砂糖・・・・・・・・・・・・・・・・・・・80g

作り方

1 あずきを洗って鍋に入れ、かぶるくらいの水を加え強火にかけます。
沸騰したら火を弱め、5分ほど煮てざるに取ります。
ふたたびたっぷりの水を加えて強火にかけ、沸騰したら火を弱め、
あずきがふつふつゆれるくらいの火加減で煮ていきます。
アクは好みで取り除いてください。
水分が少なくなってあずきが顔を出しそうになったら適宜差し水をし、
指で抵抗無くつぶれるくらい、しっかりやわらかくなるまで煮ます（40分～1時間くらい）。
ここで固い芯が残っていると、砂糖を加えた後もやわらかくなりません。
この段階で完全に芯がなくなるまで煮ておきます。
火を止め、ふたをして10分蒸らします。

2 ざるで軽く水気を切り、フードプロセッサーにかけてペースト状にします。
これをざるで濾し、
さらに目の細かい濾し器で
もう一度濾します（写真A）。
目がつまりやすいので、
水を少量かけながら濾していくとよいです。

＊フードプロセッサーがない場合は、
時間はかかりますが濾すだけでOK。

A

すべて濾したら水をたっぷり注いで
10～15分このまま置きます。
水とあんに分かれたら
上澄みの水を捨てましょう。
これをあと2回くりかえし、
上澄みに透明感が出てくればOK（写真B）。

さらしや厚手のキッチンペーパーで包み、
水気をしぼります（写真C）。
この状態を「なまあん」といいます。

3 鍋になまあん、砂糖の半量を入れて弱火にかけます
（水分が少なく焦げやすいので、水50mlを加えて煮てもOK）。
ヘラで混ぜながら、最初に入れた砂糖が溶けたら、残り半量も加えて、煮ていきます。
砂糖がなじんできたら火を強めて一気に煮ます。最初は水っぽいべちゃべちゃした音が、
しゅっしゅっと空気の抜けるような音になるのを目安にしてください。
バットなどに取り冷まします。
冷めると固くなるので、使いたい固さより少しゆるいくらいで火を止めましょう。

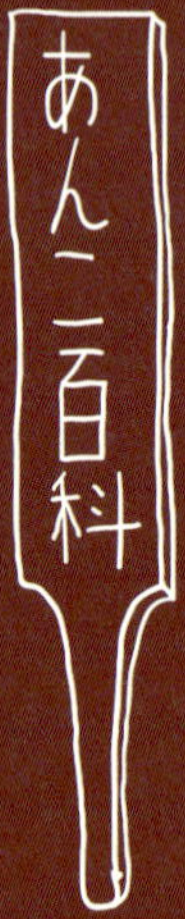

あんこにまつわるいろいろな言葉を
100個、集めてみました。
もちろんこれが
あんこのすべてではありませんが、
やっぱりたのしい、あんこの世界！
奥深い！
それぞれの味を想像しながら、
読んでもらえるとうれしいです。
（五十音順です）

赤福◎あかふく

三重県伊勢市の伊勢神宮門前で販売されている、餅の上にこしあんをのせた大人気の和菓子。誕生は宝永4年（1707年）。あんこの上の三筋は「清流」を、白い餅は「川底の小石」を模したもの。赤福の名前は「赤心慶福（真心で他の人の幸せを喜ぶ）」という言葉からつけられた。

揚げまんじゅう

饅頭を小麦粉の生地にくぐらせて、油で揚げたもの。

小豆◎あずき

あんこの原料。しょうず、とも呼ばれる。
東アジア原産のマメ科の植物。日本では
縄文遺跡からの発掘も。

小豆洗い◎あずきあらい

妖怪。地方によって様々な伝承があり、
川で小豆を洗う音をたてるだけのもの、
音でひきつけ川に落として命を奪うもの
など、様々な小豆洗いが。

小豆粥◎あずきがゆ

米と小豆を炊きこんだお粥。赤飯と同様に、小豆の赤色が邪気を払うといわれ、ハレの日に食べられます。現在でも小正月に小豆粥を食べる地方があります。

小豆牛乳◎あずきぎゅうにゅう

小豆を甘く煮たものを冷たい牛乳にまぜた飲みもの。

小豆茶

小豆のお茶。炒った小豆を、アクをとり
ながら煮出して作ったり、小豆を炊くと
きの煮汁を抽出したり、作り方はいろいろ。

『あずきちゃん』

原作・秋元康さん、作画・木村千歌さんによるマンガ作品。講談社の『なかよし』で、1992～1997年に連載されていました。主人公、野山あずさ（通称・あずきちゃん）の、ほのぼの恋愛ストーリー。

小豆の栄養価と効用

小豆の主成分は、炭水化物とタンパク質。その他に、ビタミンB1、サポニン、食物繊維、リンが含まれています。むくみ、便秘、眼精疲労や二日酔いの解消、高血圧や高脂血症の予防などに効果があるとされています。

小豆のジャム

ひと晩、水につけた小豆に砂糖を加え、小豆の形が崩れるまで煮たものが小豆ジャムです。小豆はゲル化に必要なペクチンが含まれているので、ジャム作りに適した原料。さらにゲル化に適した酸性にするため、レモン汁などを加えてジャムにしていきます。できあがりは、あんこにそっくり。

「小豆は無精者に煮らせろ」

小豆は弱火で煮るのがコツ。そのくらいのコツで、ふっくら仕上がる。無精者が火加減をみるくらいがちょうど良い、ということわざ。

『あずきバー』

食品製造メーカー「井村屋」の、和風アイスキャンディーの名称。1973年から販売されている人気商品。溶かしてあたためると善哉（ぜんざい）になるとネットで話題になったことがあります。

「熱っ！」

あんこを煮詰めるとき、沸騰したあんこがはねて肌についたときにあげる声。沸騰したあんこは、すごく熱いのです。

甘納豆◎あまなっとう

小豆のほか豆類、栗、蓮の実、さつまいもなどを砂糖漬けにした和菓子。北海道や山梨県には、甘納豆を赤飯に入れる風習がある。また、甘納豆にハッカをまぶした北海道北見地方の銘菓などもあります。

餡◎あん

餅や饅頭などの中身にするお肉や野菜、豆類が、そもそもの「あん」だったといわれています。小豆を用いた「小豆あん」が開発されたのは鎌倉時代とされていますが、当時は調味に塩を用いられていました。その後、安土桃山時代に甘いあんが用いられるようになり、さらに砂糖を普通に使用するようになったのは江戸時代とされています。→「あんこの歴史」の項を参照。

餡子◎あんこ

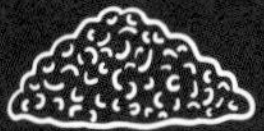

餡（あん）の異名。→「餡」の項を参照。

あんこ型

お腹が出てでっぷりと太った相撲力士の体型。ちなみに、語源の由来は和菓子の「あんこ」ではなく、魚の「アンコウ」。北の湖、大乃国、隆の里、水戸泉などがこの型とされています。反対語は「そっぷ型」。

あんこ玉

あんこを玉にしたお菓子。あん玉に寒天をかけたもの、きなこをまぶしたもの、砂糖でコーティングしたものなど様々なスタイルが。

『アンコ椿は恋の花』

1964年、都はるみさんのヒット曲。都はるみさんは、この曲で第６回日本レコード大賞の新人賞を受賞しました。しかし、この場合の「アンコ」は伊豆大島で未婚の女性を呼ぶときの、「姉娘（あねこ）」とか「あの娘（あのこ）」という意味。食べる「あんこ」とは、残念ながら無関係。

あんこの歴史

縄文時代〜古墳時代前期の遺跡から、炭化した「小豆」が発見されています。最初のものは餅の中に入った「肉餡」だったのではないかとされています。また一説によると、日本ではじめて小豆と砂糖であんこを煮たのは、820年ごろ京都の小倉山のふもとで菓子職人をしていた和三郎という人物ではないかと。小倉山で甘いあん……。つまりこれが、小倉あんの発祥というわけです。甘いあんこの発祥については他にも、禅宗が伝来し精進料理が発達した鎌倉以降に禅僧が肉あんの代わりにした、という説があります。あんこの歴史はその多くが「説」で、裏付けがとれていないことがほとんどです。

あんころ餅

餅をあんこで包んだもの。「餡衣餅（あんころももち）」が詰まって「あんころもち」となったという説があります。日本各地に銘菓とされるものがあり、伊勢神宮門前の「赤福」が有名。また、関西や北陸地方には夏の土用日にこれを食べる風習があり、「土用餅」とも呼ばれています。

「あんころ餅で尻を叩かれるよう」

ことわざ。うまい話が転がり込んだり、思いがけない幸せにぶつかること。

あん食◎あんしょく

神戸のパン屋さん「トミーズ」のヒット商品。食パンにあんこがマーブル状に練りこんであり、これをトーストしてバターを塗れば、「あんトースト」がお手軽に作れます。

あんトースト

カリッとトーストしたパンにたっぷりとバターやマーガリンを塗り、あんこをのせたもの。名古屋では、多くの喫茶店で提供されています。

あんドーナツ

ドーナツの生地であんこを包み、油で揚げたお菓子。表面には砂糖がまぶされているものが多く、ドーナツといってもリング型ではなく丸型が多い。

『あんどーなつ—江戸和菓子職人物語』

和菓子をテーマにしたマンガ。2005～2013年『ビッグコミックオリジナル』で連載。パティシエ志望の主人公が、老舗和菓子店「満月堂」で和菓子職人をめざす物語。主人公の名前は、「安藤奈津」。

あんバター

一般的には、あんことバターをあわせたもの。パンなどにはさんで食べます。

あんパン

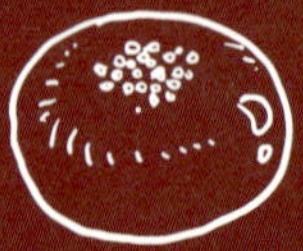

パンの中にあんこをつめた菓子パンの一種。あんこは小豆あんの他に、うぐいすあんなどもある。「銀座木村屋總本店」の創業者の木村安兵衛さんが考案して、1874年に販売を開始したのがそのはじまりです。

あんこ巻

小麦粉を水にといた生地を鉄板にひろげて焼き、その上に棒状にしたあんこをおいて巻いたもの。もんじゃ焼き、お好み焼き店のデザートメニューに多い。

あんまき

愛知県知立市の名物。薄く細長いホットケーキ生地であんを巻いたもの。小豆あんのほか、抹茶あんや白あんを巻いたものもあります。

あんまん

小麦粉で作ったやわらかい皮であんこを包んで蒸したもの。一般的に中華まんの中でも、あんが肉あんではなく、あんこのものを指します。

あんみつ

さいの目に切った寒天に、茹でて冷やした赤えんどう豆、あんこ、求肥、干しあんずなどをのせ、白蜜や黒蜜をかけてたべる和菓子。

糸井重里さん

コピーライター、クリエイター、インターネットサイト「ほぼ日刊イトイ新聞」主宰。あんこをこよなく愛する人。どのくらい愛しているかは「2013年あんこの旅」というインターネットの記事をお読みください。
http://www.1101.com/anko/index.html

田舎汁粉◎いなかしるこ

つぶあんの、おしるこのこと。関西ではこれを「ぜんざい」ということが多い。→「御膳汁粉」「しるこ」「善哉」の項を参照。

今川焼き

小麦粉や砂糖、卵などでできた生地を円形の型に流し込み、まんなかにあんこを入れて焼いたもの。今川焼きという名称のほかにも、大判焼き、回転焼き、太鼓饅頭などと呼ばれています。

鶯餡◎うぐいすあん

青えんどう豆を使った緑色のあんのこと。

宇治金時◎うじきんとき

抹茶のシロップに小豆あんを添えた、かき氷。「宇治」はお茶の産地であることから名称の一部に。また、金時豆（赤インゲン豆）が、かつてあんの材料としてよく使われました。それが転じて、小豆あんをのせたかき氷を「金時」というようになったとか。

エリモショウズ

かつては日本で生産される小豆の、ほとんどを占めていた代表的な小豆。「えりも小豆」とも呼ばれる。良質で耐冷、多収の品種の育成を目指し人工交配され、1980年以降に急速に普及しました。主に、あんこを作るために使われます。

えんま

あんこを大鍋で煮るときに使う、大きなしゃもじのこと。あんこを煮るときの鍋が地獄の釜のように激しく煮えたぎっていることから、この名前がつけられたと思われます。

小倉餡◎おぐらあん

つぶあんやこしあんに、蜜で煮た小豆の粒をそのまま混ぜたあん。粒をほとんど潰さずに作るものや、つぶあんのことを小倉あんということも。小倉あんの小倉は、百人一首が選ばれた地名でもあります。

おはぎ

米と餅米を混ぜて、もしくは餅米だけを蒸すか炊くかしたあと、米粒が残るくらいついてつぶして丸めたものを、あんこでくるんだお菓子。きなこ、ごま、青のりなどをまぶすことも。別名、ぼたもち。→「ぼたもち」の項を参照。

『およげ！たいやきくん』

1975年に発表された、あんこのお菓子の童謡。歌は、子門真人さん。売上は500万枚を超えるといわれ、日本で最も売れたシングル曲としての記録は2013年現在もやぶられていません。

温泉饅頭◎おんせんまんじゅう

温泉地で販売されている饅頭のこと。全国各地の温泉地にそれぞれの温泉饅頭があって、たのしい。

懐中しるこ◎かいちゅうしるこ

さらしあんと砂糖を合わせて固めたものを、最中などの焼いた皮で包んだもの。懐中に入れて携帯できることからこの名前に。食べるときは、外側の皮を破って熱湯を注ぐ。つまりは「モバイル・インスタントおしるこ」。→「さらしあん」の項を参照。

鹿の子◎かのこ

あんこで作った玉に、蜜煮の小豆をつけた和菓子。豆の様子が鹿の白い班に似ていることからこの名前に。金時豆、うぐいす豆、栗を使った鹿の子も。

黄身餡◎きみあん

あんに卵の黄身を加えたもの。白あんのさらしあんに黄身を加えると、黄色いあんになります。

「玉と蝋石の雑種の様」

夏目漱石『草枕』に出てくる羊羹の描写。――余は凡ての菓子のうちで尤も羊羹が好だ。（中略）あの肌合が滑らかに、緻密に、しかも半透明に光線を受ける具合は、どう見ても一個の美術品だ。ことに青味を帯びた煉上げ方は、玉（ぎょく）と蝋石の雑種の様で、甚だ見て心持ちがいい。――

金鍔◎きんつば

もともとは、小麦粉の生地であんこを包み、焼いたものでした。形状が平たい円形で、刀の鍔に似ていることからこの名前に。現在は、あんこを立方体に固めたものに小麦粉をゆるく溶いた生地をつけ、熱した銅板で一面ずつ焼いて作ります。

月餅◎げっぺい

中国のお菓子。小麦粉でできた生地であんこを包み、オーブンなどで焼いたもの。表面に美しい文様などをつけてあるものもあります。

氷あずき

かき氷に、あんこもしくは茹で小豆を添えたもの。

こしあん

小豆を茹でて渋を切り、裏漉しをして、皮を取り除いてから水にさらし、その後で砂糖を加えて煮詰めたあんこ。

御膳汁粉◎ごぜんじるこ

こしあんの、おしるこ。関西ではこれを単に「しるこ」という。

呉◎ご

こしあんを作る過程でできる、皮を取り除いた後の、豆の中身のこと。

こなし

あんに小麦粉と米の粉（寒梅粉）を混ぜて蒸し、もみ込んだもの。主に関西で上菓子を作るときに用いられる生地のことです。→「練り切り」の項を参照。

桜餡◎さくらあん

白あんに桜の葉や花の塩漬けを加え、食品用の色素でピンクに色づけしたあん。

桜餅◎さくらもち

あんこを小麦粉を使った生地でくるみ、さらに桜の葉の塩漬けを巻いたもの。他にも地域によっていろいろなスタイルの桜餅があります。江戸時代後期には、隅田川名物として人気を博しました。

ささげ

小豆と同じササゲ属の豆。赤色が美しく、煮崩れしにくいことから、赤飯に用いられます。小豆は煮崩れると真ん中から割れてしまい、その様子が切腹を連想させるので、ささげを赤飯に使用するのは武士の間でタブーだった、という説があります。

さらしあん

生あんの水分を飛ばし乾燥させたあんのこと。砂糖水や蜜を加えて練って戻してこしあんとしたり、懐中しるこの原料として使います。

さわり鍋

あんこを煮るときによいとされる、打ち出しの銅でできた、ボウル型の鍋。底が丸くなっているため、攪拌しやすいのがポイント。また、銅は熱伝導がよいので、小豆に均一に熱が伝わります。

塩

あんこを作るとき、加える場合があります。甘みが強まり味がひきしまって感じられますが、使用するかしないかは好みによります。

シベリア

シベリヤ、とも。羊羹もしくは小豆あんをカステラではさんだお菓子。

重曹◎じゅうそう

炭酸水素ナトリウム。小豆を煮るときに、その皮をやわらかくするために使うことがあります。

しるこ

お汁粉。小豆を砂糖で煮た小豆汁の中に、餅や白玉などを入れたもの。

『しるこサンド』

愛知県の松永製菓が製造販売しているお菓子。北海道産の小豆、りんごジャム、はちみつなどを練ったあんをビスケット生地にはさんで焼いたもの。

白餡◎しろあん

白いんげん豆や白小豆を使用して作られる、あんのことです。

白小豆◎しろあずき

すこし黄色がかった白色の小豆。白あんに用いられますが、生産量は多くありません。

白双糖◎しろざらとう

砂糖の主成分である蔗糖を結晶にした砂糖。砂糖としての純度が高く雑味が少なく、温度がある程度あがっても透明なことから、菓子によく使われています。あんこを煮るときにも。

渋切り◎しぶきり

小豆を煮るときに、水から茹でて沸騰したら、その茹で汁を捨てることを「渋切り」をするといいます。皮に含まれる渋みやアクを取るために。

赤飯◎せきはん

餅米（うるち米を混ぜることも）に小豆、またはささげを混ぜて蒸したごはん。豆の煮汁が米に移りうっすら赤くなります。おこわの一種。お祝いごとなどに用いられます。

善哉◎ぜんざい

関東地方では、白玉や餅などに汁気のないあんをかけたもの。関西地方では、しるこのうち、小豆の粒入りのもの（関東でいうところの田舎汁粉）をいう。

大納言◎だいなごん

小豆の品種。粒が大きく、色が濃いもの。煮崩れしにくいことから、あんこの他にも甘納豆などにも加工されます。

大福◎だいふく

あんこを餅で包んだ和菓子。餅に赤えんどう豆やよもぎを加えたものも。また、あんこのなかに苺をまるごと入れた「いちご大福」も人気です。

たい焼き

小麦粉、砂糖、重曹などを水でといて生地を作り、それを熱した鯛の形の焼き型に流し入れ、まんなかにあんこを置いて焼いたもの。

焼き型には１尾ずつのものと、複数尾のものがあり、１尾ずつで焼かれたたい焼きを「天然物」と呼ぶ人も。

タルト

洋菓子のタルトとは別物。愛媛県松山市の郷土菓子。カステラ生地に小豆あんを巻いたロールケーキ状のもの。江戸時代前期の松山藩主である松平定行によって長崎から伝えられたと考えられています。

だんご

米粉などにお湯を加えてこねて丸め、蒸すまたは茹でたもの。だんご汁のように食事として食べることもあります。あんをかけて食べる場合のあんは、小豆あんのほかに砂糖としょうゆでできたみたらしあんなど様々。3〜5個を串に刺した「串団子」としても親しまれています。

つぶあん
小豆を茹でて渋を切り、小豆の形を残したまま砂糖などを加えて煮詰めたあんこ。

『虎屋』◎とらや
室町時代後期に京都で創業した和菓子店。「おいしい和菓子を喜んで召し上がって頂く」が経営理念。羊羹が有名ですが、その他のあんこを使った和菓子もたくさん。「パリ店」もあるんです。

どらやき
小麦粉、卵、砂糖、みりんなどでできた生地を銅板で円形に焼き、あんこをはさんだ和菓子。ドラえもんの大好物としても有名。

生餡◎なまあん
小豆を茹でて渋を切りやわらかくしてから、裏漉しをして皮を取り除き水にさらし、水気をしぼったあん。砂糖はまだ加えていないものです。

人形焼◎にんぎょうやき

卵、小麦粉、砂糖などで作った生地を人形型に流し込んで焼いたお菓子。中にあんこが入っているものと、入っていないものがあります。東京の日本橋人形町が発祥の地、という説があります。当初は文楽人形や七福神などの焼き型でしたが、現在はキャラクターものなど、様々なデザインがあります。

練餡◎ねりあん
なまあんやさらしあんに、砂糖や蜜を加えて練り上げた、あん。

練り切り◎ねりきり
あんに求肥やつくね芋を混ぜて練った和菓子。食用の色素などを混ぜて着色。適度なやわらかさとねばりがあるため、木型に押し付けたり、粘土のように手で成型し、様々な細工をほどこすことができます。

煉羊羹◎ねりようかん

寒天液にあんを加え、練りながら煮詰め、型に流し込んで固めた和菓子。

パッピンス
韓国の氷あずき、その発展形の様々なかき氷のこと。「パッ」は「小豆」、「ピンス」は「かき氷」のこと。

ぼたもち
おはぎの別名。ぼたもちとおはぎは本来同じものですが、「牡丹の季節・春に食べるのがぼたもち、萩の季節・秋に食べるのがおはぎ」などという説があります。→「おはぎ」の項を参照。

「ぼたもちの塩の過ぎたのと女の口の過ぎたのは取り返しがつかぬ」
ことわざ。ぼたもちのあんこを作るときに塩を少量入れるが、たくさん入れると取り返しがつかない。女性の口数が多いことも同様で、「言い過ぎは取り返しのつかないことになりますよ」という意味。

本炊き◎ほんだき
あんこを作るときに、渋切りをしたあと、再び水を入れて煮る（炊く）工程のこと。

饅頭◎まんじゅう
小麦粉などの皮にあんこを包んで調理したもの。蒸したものが一般的ですが、焼く、揚げるなどの方法で作る饅頭も。また、使う材料によって、薯蕷饅頭、茶饅頭、酒饅頭、麩饅頭など種類が多い。

『まんじゅうこわい』

落語の演目のひとつ。「まんじゅうがこわい」という男に、みんなでよってたかってまんじゅうを食べさせる。やがてみんなは、男が大のまんじゅう好きだと気付く。「ほんとにこわいのは何だ！」と怒ってたずねると、男は最後に「あとは濃〜いお茶がこわい」。

饅頭茶漬け◎まんじゅうちゃづけ

森鷗外の好物。森鷗外の長女の森茉莉の『記憶の絵』によると、饅頭を４つに割って、ご飯の上にのせてお茶をかけたものだとか。

水羊羹◎みずようかん

生あんに、砂糖と寒天液を入れて練り上げ、型に流し込んだもの。煉羊羹よりも、寒天とあんこ、砂糖を少なめにし、煮詰めずに作る。水分が多くやわらかいのが特徴。一般的に夏によく食べられますが、福井県では冬に水羊羹をこたつで食べる習慣があります。

水無月◎みなづき

甘く煮た小豆や、小豆の蜜煮をのせたういろう風の生地。通常は三角形に切ってあります。６月の晦日の、無病息災を祈る厄除け行事「夏越の祓」のときに食べる季節菓子。とくに京都で盛んに食べられます。

三笠山◎みかさやま

関西地方での「どらやき」の別称。形を奈良県の三笠山に見立てています。

蒸し羊羹◎むしようかん

小豆あんに葛粉や小麦粉を混ぜ、蒸して作る羊羹のこと。栗などを入れた「栗蒸し羊羹」なども。

『村雨』◎むらさめ

大阪の老舗和菓子屋『御菓子司　塩五』の和菓子。転じて、村雨に使われるこしあんに米粉をくわえてそぼろ状にしたあんこのことを「村雨」「時雨」ということも。『村雨』は商標で、一般名詞は「そぼろあん」。

最中◎もなか

餅を薄く焼いた皮であんこを包んだ和菓子。

もみじ饅頭◎もみじまんじゅう

紅葉の名所である広島県の厳島（宮島）の名産品。人形焼と同様のカステラ状の生地を紅葉の型に流し込んで、中にあんこを入れて焼いたもの。1980年代初頭の漫才ブームの中心的お笑いコンビ・B&Bの代表的なギャグに「もみじまんじゅう！」があります。

茹で小豆◎ゆであずき

やわらかく茹でた小豆。砂糖で味付けをしたものも茹で小豆と呼ばれます。

羊羹◎ようかん

小豆あんなどを寒天などで固めた和菓子のこと。もともとは中国の料理で、羹（あつもの）という、羊の肉が入ったとろみのある汁物がルーツなのだとか。日本には、鎌倉時代〜室町時代に禅僧によって伝えられたとされています。禅僧は肉食が戒律にふれるため、小豆や小麦粉、葛などを使い、羊肉に見立てた料理として作られるようになった……それが現在の羊羹につながっていったと考えられます。

冷凍

あんこは、冷凍できる食品。小分けにして冷凍しておけば、なにかと重宝。食べたいと思ったときに、すぐあんこをたのしめますね！

道具について

自分自身で使ってみて、あると本当に便利だと感じているものばかりです。
お料理にも兼ねられるので、ぜひ揃えてみてください。
おやつ作りがより気軽になります。

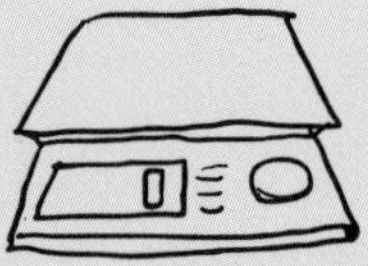

デジタルスケール

おいしいおやつ作りは正確な計量から。1g単位で計れるデジタルのものが使いやすくおすすめ。

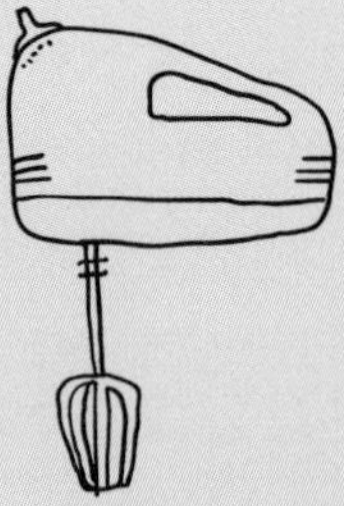

ハンドミキサー

卵や生クリームを泡立てる時に使います。ハンドミキサーを使うレシピを手で泡立てると、とても時間がかかり、心が折れてしまうことも…。買いやすい値段のもので十分です。ひとつあると魔法のようにラクチンです。

カード

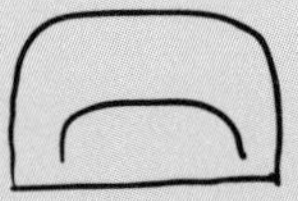

スケッパー、ドレッジともいう。生地を傷めず分割したり、ボウルの中身を残さず取り出す時に使います。そうすることで洗い物もラクになります。

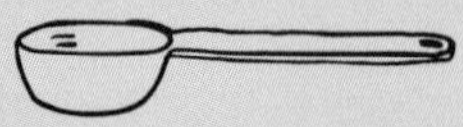

大さじ（15ml）、小さじ（5ml）

浅くて直径が広いものより、深さがあるものが計りやすく便利です。

ゴムベラ

木ベラとの違いは、しなるので生地を傷めにくく、ボウルにもそわせやすいので、きれいに取り出せること。耐熱のシリコン製で継ぎ目がない一体型がおすすめです。

小鍋

カラメルや粉などくっつきやすいものも多いので、テフロンやフッ素樹脂加工の小さめの片手鍋が便利です。

オーブン用の紙

耐熱でくっつかない加工がされた紙。オーブンシート、クッキングシートともいう。この本で紙と書いてあるのはすべてこのオーブン用のものです。天板や型、バットに敷いたり、オーブンだけでなく蒸すときにも使えます。

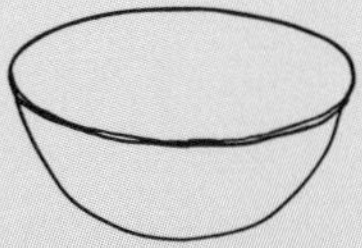

ボウル

熱伝導がよいステンレス製で、直径が20cm前後、深さのあるものが便利です。この本では「柳宗理」の直径23cmのものを主に使っています。

型

丸、パウンド、マフィン型があればひと通りのおやつが作れます。テフロンやフッ素樹脂加工のもの、底がはずれるタイプなど、使いやすいものを選びましょう。

オーブン

家のオーブンそれぞれに火の通り方のくせがあります。それを知るためにはまずオーブンに慣れることが大切。最初はレシピ通りに焼いてみて、もし焼き色が強くなってしまうようなら次からは温度を少し低めに。もちろんそれは他のレシピでも応用できます。逆に中が生焼けなら温度を上げたり、焼き時間を長くします。

材料について

この本ではとくべつなものは使いません。近くのスーパーで買える材料を使います。
ふだん自分が食べていて好きなもの、もしわからなければ新鮮でおいしそうなものを選んでください。

粉

薄力粉…おやつ作りに最も適した粉です。ケーキならふんわり軽く、クッキーならさくさくに焼き上がります。この本では主に日清「フラワー」を使いました。

強力粉…主にパン作りに使われる粉です。お菓子に使う時は、もっちりさせたり、しっかりした食感を出したい時に使います。

全粒粉…小麦を丸ごと挽いた粉。分量の粉の一部を置き換えることで、ざくざくっとした食感や、小麦の香ばしい風味が生まれます。

油脂

この本では､主に植物性の油とバターを使いました。素材や作り方によって合う方を選んでいますが、両方楽しめるレシピもあります。
植物性の油は冷めても固まらないので、ケーキはやわらかく、クッキーはさくさく軽い食感に仕上ります。扱いやすいので洗い物も簡単。おやつ作りに気軽に取り組めるところが気に入っています。普段のおやつ作りにはほとんど植物性の油を使っていて、クセがない「太白ごま油」を愛用しています。バターは豊かな風味とコクをお菓子に与えてくれます。特別な日やプレゼントのお菓子にはバターを選ぶことも多いです。有塩と無塩があり、この本では手に入りやすい有塩を使っていますが、どちらでも作ることができます。

甘み

砂糖にはお菓子に甘みをつけるだけでなく、ふくらみをよくしたり、しっとりさせる効果もあります。そのため減らしすぎるとレシピ通りになりません。適量入ることでおいしくなります。この本では主に「きび砂糖」を使いました。精製度の低いおだやかな甘みが特徴です。他にはメープルシロップの風味が好きで、頻繁に登場するのもわたしのお菓子の特徴です。

ベーキングパウダー

水分と合わさることでお菓子をふくらませます。独特の苦みが少ないノンアルミニウムのものを普段は使っています。古いものは膨らみにくくなるので、早めに使い切りましょう。湿気やすいので開封後は密閉して冷蔵庫に保存します。

生クリーム

牛乳よりもっとコクを出したい時に、または油脂の代わりに使うこともあります。植物性と動物性があり、この本ではすべて動物性のものを使いました。大きなスーパーでは、脂肪分が35%、47%など種類もいろいろあります。少し軽い風味で泡立てても角が立ちにくい35%は、そのままどんどん混ぜ込むようなレシピに、濃厚でコクがありしっかり角が立つ47%は、泡立てて加えるレシピやホイップクリームとして使うことが多いです。

卵

手作りおやつと聞くと、たまご色が浮かぶくらい、欠かせない材料のひとつです。スポンジをふわっとふくらませたり、おいしいコクや風味を与えてくれます。卵黄の大きさは共通ですが、卵白の量によって、S・M・Lと3つのサイズに分かれます。この本ではすべてMサイズを使いました。大きさが違いすぎると、レシピ通りに作れないことがあるので、Mサイズに近いものを選んでください。

なかしましほさんの本

文藝春秋刊　価格 1,260 円

主婦と生活社刊　価格 1,260 円

文化出版局刊　価格 1,365 円

「ほぼ日」で、なかしましほさん。

インターネットサイト「ほぼ日刊イトイ新聞」には、なかしましほさんの
おやつコンテンツがたっぷりあります。どうぞいつでも、遊びに来てください。

とてもくわしいおやつのレシピ

http://www.1101.com/foodmood/index.html

書籍『まいにち食べたい“ごはんのような”クッキーとビスケットの本』に掲載されている、「黒ごまスティック」と「スマイルビスケット」。このふたつの作り方をできるだけくわしく、動画も使って解説しています。

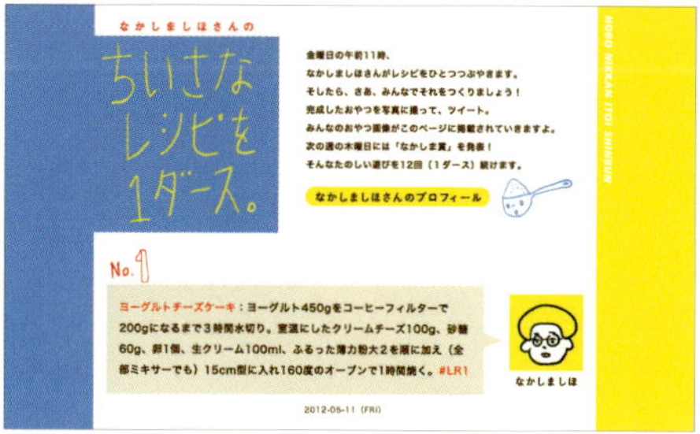

ちいさなレシピを１ダース。

http://www.1101.com/12/index.html

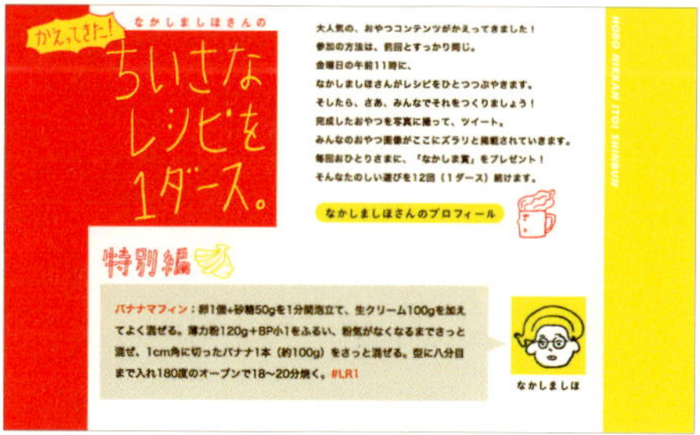

かえってきた！ ちいさなレシピを１ダース。

http://www.1101.com/12_2/index.html

この本『みんなのおやつ』の元になった人気シリーズです。毎週ひとつ、140文字で、おやつのレシピをなかしまさんがツイート。ツイッターのフォロワーみんなが、一斉におやつを作って写真をアップしていきます。

＊本書のレシピは、このコンテンツ内のレシピを書籍用に編集し直したものです。
配合や分量など、内容に相違があることをご了承ください。

みんなのおやつ　ちいさなレシピを33

2013年10月18日　第一刷発行
2020年7月1日　第八刷発行

著　者　なかしましほ

撮　影　松原博子
スタイリング　岡尾美代子
イラスト　中島基文
編　集　山下哲　茂木直子
装丁、本文写真　山川路子

協　力　田代絵美　巻野モモ　齋藤正輝　元木恵里
木下奈保子　斉藤里香　沢柳晴司　篠田真貴子　冨田裕乃　ゆーないと

発行人　糸井重里

発行所　株式会社 ほぼ日
〒107-0061　東京都港区北青山2-9-5　スタジアムプレイス青山9階
ほぼ日刊イトイ新聞　http://www.1101.com/

印刷　凸版印刷株式会社

協力店　AWABEES　tel:03-5786-1600　http://www.awabees.com/　UTUWA　tel:03-6447-0070